常读常新
经典故事系列

王铁钧 ◎ 著

甲骨文的故事

华中科技大学出版社
http://press.hust.edu.cn
中国·武汉

图书在版编目(CIP)数据

甲骨文的故事 / 王铁钧著. —武汉：华中科技大学出版社，2023.4
（常读常新经典故事系列）
ISBN 978-7-5680-9044-5

Ⅰ.①甲… Ⅱ.①王… Ⅲ.①甲骨文—中国—通俗读物 Ⅳ.①K877.1-49

中国国家版本馆CIP数据核字（2023）第026788号

甲骨文的故事
Jiaguwen de Gushi

王铁钧　著

总 策 划：亢博剑
策划编辑：刘　静
责任编辑：康　艳
封面设计：琥珀视觉
责任校对：刘小雨
责任监印：朱　玢
出版发行：华中科技大学出版社（中国·武汉）　　电话：（027）81321913
　　　　　武汉市东湖新技术开发区华工科技园　　邮编：430223
录　　排：蚂蚁字坊
印　　刷：湖北新华印务有限公司
开　　本：880mm×1230mm　　1/32
印　　张：7.875
字　　数：160千字
版　　次：2023年4月第1版第1次印刷
定　　价：36.00元

通过这本书，你可以了解一些跟甲骨文有关的历史知识，也可以认识一些简单常见的甲骨文字。

甲骨文大都是商代占卜的记录，又称为"甲骨卜辞"。商代人为了什么事情占卜，如何把占卜的过程记录下来，决定了我们今天看到的甲骨文的内容。这样说来，甲骨文中出现的字并不能包含当时所有的文字，这是由它的用途决定的。但幸运的是，因为商代人占卜的事情丰富多样，所以从甲骨文中我们能看到相当多的字，看到商代社会的基本面貌。

甲骨文虽然是3000多年前的文物，但是发现和研究甲骨文只有120多年的历史。在这120多年里，人们从对甲骨文的内容和价值茫然无知，到逐渐辨认出甲骨文字、读通甲骨卜辞、给数万片甲骨分期断代、利用甲骨文研究商代历史，不断取得进展，甲骨学也成了一个专门的学科。

甲骨文字是现存最早的成系统的汉字，我们今天的很多常用字，都可以从甲骨文中找到它们的来历。甲骨文字跟现代的汉字又有很大的不同，这其中经历了漫长的历史演变和人们的再创造。了解了这些有趣的对应和变化，我们再来看待今天的汉字，会感到它们不再只是单纯的记号，它们有了历史感，也变得立体和生动起来。

本书的大部分篇幅放在对具体甲骨文字的介绍上，共选取200多个字，逐一加以介绍。它们的字形本义比较清晰明了，而且绝大部分今天仍然是常用字。我们的介绍注重说明甲骨文的字形来历，以及跟后代汉字的联系，希望通过这些介绍，能让读者对汉字字形和字义的历史演变有个整体、直观的感受。

本书讲解的甲骨文字以象形字为纲，并联系相关的指事字、会意字等，分为人体、动植物、天文地理和社会生活四大类，并在最后介绍了一些单纯的指事字和象形本义不明的常用字。要注意的是，本书分类只是按象形字字形本义的分类，跟象形字相关的指事字、会意字不一定属于这个义类，因为这些字跟相关的象形字放在一起讲显得更清楚，也便于理解，就按这样的顺序安排了。

我们今天使用的汉字绝大多数是形声字，甲骨文中的形声字还不是很多，但是甲骨文里的不少象形字后来成了形声字中常用的形旁。我们在介绍这些象形字的时候也介绍它们用作形旁时通常表达的含义，这样，一些形声字的本义就容易理解了。

第一章

什么是甲骨文

1. 龟甲与兽骨

甲骨文就是写在龟甲或兽骨上的文字。当然不是所有写在龟甲或兽骨上的文字都称为"甲骨文"，而是考古发现的商朝中后期和少量西周初期的写在龟甲或兽骨上的文字，我们今天称之为"甲骨文"。

写有甲骨文的龟甲包括乌龟后背上的背甲和肚子下面的腹甲，考古发现的龟甲大多是腹甲（图1）。兽骨主要是牛肩胛骨（图2），还有牛肋骨，以及少量马骨、猪骨、羊骨、鹿骨、虎骨、犀牛骨等。

2. 殷墟和周原

甲骨的主要发掘地是殷墟，即今天的河南安阳小屯村。殷

◀图1　龟腹甲照片
（《国博》068正）

▶图2　牛肩胛骨照片
（《国博》056正）

墟出土的甲骨都是商朝中后期文物。

"殷墟"是古人对商朝故都的称呼，也写作"殷虚"。《史记》里记载，周武王灭商后，商纣王的亲戚箕子去朝见周武王，路上"过故殷虚，感宫室毁坏，生禾黍，箕子伤之"。可见，商朝灭亡后不久，都城就已经凋零破败，而在这片繁华不再的土地下，就已埋藏了数以万计的甲骨。直到三千多年后，这些中华文明的珍宝才重新被发现。

除了殷墟，也有一些甲骨是在其他地区出土的。其中在周原，即今天陕西岐山凤雏村出土的甲骨，是西周初期文物。这也说明，在当时，甲骨占卜并不是商王的特权，也流行于各个诸侯国。"周原"是古人对周朝先祖领地的称呼，《诗经·大雅·绵》："周原膴膴（wǔwǔ，土地肥沃义），堇荼如饴。爰始爰谋，爰契我龟，曰止曰时，筑室于兹。"描写了周朝先祖古公亶父选择周原安居的故事。古公亶父带领族人来到周原，看到土地肥沃，堇菜苦菜都鲜美，就跟大家商议，并且用龟甲占卜，得到上天的旨意，说就停在这里，于是大家就盖房子安居于此。

3. 商朝的占卜

甲骨文除少量单纯的记事外，主要是占卜的记录。

占卜在商王朝特别盛行，生产生活中的很多事情，都可以通过占卜来决策。我们今天都清楚，占卜是不科学的，是一种迷信。但在三千年多前，古人的科学技术还不发达，面对变幻无常的大自然，还有很多未知的困惑，于是人们把希望寄托在想象中的神明和死去的先人身上，相信能够得到启示和护佑。人类早期有很多神话，就是这样产生的。

商朝人占卜有多种方法，最主要的就是使用甲骨和蓍（shī）草占卜。《史记·龟策列传》："闻古五帝三王，发动举事，必先决蓍龟。"可见使用龟甲和蓍草的占卜都由来已久。

用蓍草占卜又称为"筮（shì）"，就是采用一定数目的蓍草茎秆，经过一系列计算，得到某种卦象，然后根据相应的卦辞来判断吉凶。这种方法逐渐复杂和成熟，后来就有了专门记录它的书籍。我们熟悉的《易经》，原本就是蓍草占卜的卦辞。

或许因为获取龟甲的成本很高，加工程序也烦琐，龟甲占卜不能像蓍草占卜那样容易施行。加之商朝以后，社会进步，礼制文化渐渐完备，人们对神灵的依赖减少，龟甲占卜的风气也不再那么盛行。不过，这种占卜也一直延续着，到汉代依然存在，《史记·龟策列传》中就记载了汉武帝时的龟卜。

后人对于甲骨占卜的记载，几乎没有谈及具体的方法，我们今天也很难准确知道当时的人怎么观察卦象、判断吉凶了。但是根据现存的甲骨文物和古人的少量记载，我们可以推测出商朝人使用甲骨占卜的大致程序。

4. 使用甲骨占卜的程序

商朝人使用甲骨占卜的程序很复杂。

前期准备工作是收集和整治龟甲和兽骨。龟甲比较难得，一般是各地进贡给商王的；兽骨可以在当地收集。龟甲和兽骨都要先经过切割和刮磨，以使形状规范，表面平整，然后进行凿钻，在甲骨的反面钻出一个一个凹槽，以备占卜之用（图3）。

开始占卜时，主持人说出要占卜的事情，这个主持人可以是商王，也可以是巫师。然后巫师一边祈祷，念诵咒语，一边用炭火灼烧甲骨反面的一个凹槽。因为凹槽比其他地方更薄，灼烧到一定程度，甲骨正面相应的位置就会爆裂，出现裂纹，这就是甲骨显示出来的征兆，称为"兆纹"。

"卜"字的甲骨文写作"ㅏ""ㄐ"等，字形就是烧灼龟甲时出现的兆纹的形状。而"占"字，甲骨文写作"凹""凹"等，就是画出甲骨的轮廓和兆纹的形状，然后加上一个"口"字，表示宣读占卜的结论。后来外面的轮廓省略了，只剩下"卜"和"口"，就是我们熟悉的"占"字了。《说文解字》："占，视兆问也。从卜，从口。"

作为记录，占卜的时间、主持人，以及占卜的事项和结论会被刻写在甲骨上。有时占卜过后一段时间，人们还会把占卜是否灵验也刻写在甲骨上。在甲骨上刻字时，有时先用笔把字写上，然后再用刀沿着笔迹刻写；有时直接用刀刻写。这些刻

▲图3　龟甲反面的钻凿凹槽
（《国博》025反）

写在甲骨上的占卜的记录，就称为"甲骨卜辞"。

占卜之后的重要的甲骨片会被收集在一起，边缘穿孔用绳贯连起来，大概会作为档案保存一段时间以备查检，最后集中挖坑掩埋。

5. 主持占卜的人

甲骨卜辞的开头常常会写到一个问卜的人，这个人有时是商王，其他大多数时候则是某个人名。

《甲骨文合集》中记载的"癸卯卜，争贞……"（137正）是什么意思呢？

"癸卯"是干支纪日的日期，意思是在这一天占卜；"贞"是问的意思；提问的人叫作"争"。这一句话的意思是，争在癸卯这一天占卜，问道……

学者认为这个"争"就是主持占卜的巫师，称为"贞人"。这样的贞人甲骨卜辞里有一百多个，学者根据贞人可以推定不同甲骨的时代。

巫师在人类早期的社会生活中有着重要的地位，他们被认为具有跟鬼神沟通的能力，所以在占卜中发挥着主导作用。

《说文解字》："古者巫咸初作巫。"传说巫咸是黄帝时候的人，是最早的巫师，黄帝出兵作战前，要找巫咸占卜吉凶。上古时，巫师不但能通过占卜预测吉凶，还能给人看病用药，有多种职能。

"史"在商代是一种官名，地位很高，有多种职能，有在商王身边的，如"卿史""御史"，或主持祭祀，或记事，卜辞里还有贞人的名字就叫"史"，所以史官也可能主持占卜；有在外的，如"东史""西史""北史"，承担派出的职务。甲骨卜辞的刻写者也很可能是史官，因为史官有记事的职责。

　　刻写卜辞是一项严肃的工作，刻写者在开始从事这项工作前需要练习，以熟练掌握相关文字和刻写方法，这样在参与正式占卜活动时才能够胜任。我们今天发现的一些甲骨片，上面只重复刻写着干支日期和一些占卜常用字，并没有连贯完整的语句，它们就是刻写者用来练习的。这些甲骨片大概是当时淘汰不用的废料，所以给人们在上面练习。

　　因为史官要记事，所以必然要掌握记事的工具——文字。这种记事的需求也促进了文字的产生和发展。我们最熟悉的关于汉字产生的故事，就是"仓颉造字"了。传说中仓颉就是黄帝的史官。虽然汉字肯定不是某个人一下子全部造出来的，但是从这个传说中我们可以看出，史官在早期汉字的产生和发展中扮演了关键的角色。

第二章 ····
甲骨文是怎么被发现和研究的

1. "龙骨"的故事

关于甲骨文的发现，有个非常有名的故事。

晚清年间，《老残游记》的作者刘鹗到京城办事，住在好友王懿荣家中。当时正赶上王懿荣患病，所服的中药里面有一味"龙骨"。"龙骨"据说是远古时代的大象等动物的骨骼化石，但因为化石罕见，人们就常用出土的龟甲代替。有一天，刘鹗无意间看到了龟甲上刻有文字，就指给王懿荣看，两人都很惊奇。王懿荣对金石文字很有研究，他认定龟甲上的文字是上古的文字，比他研究的金石文字更早，非常高兴，就派人去药店买下了所有的有字龟甲，并从此开始收购龟甲。就这样，王懿荣发现了甲骨文，中药"龙骨"改头换面，成了举世瞩目的文物。

这个故事最初发表于1931年的《华北日报》上，作者化名汐翁。故事虽然生动传奇，但应该只是后人的戏说，并不符合事实。根据罗振常《洹洛访古游记》的记述，中药"龙骨"已使用多年，在王懿荣发现甲骨文之前几十年间，一些龟甲就在安阳当地陆续出土。农民犁地或建房不时会挖到甲骨残片，卖给药铺，药铺则会将刻字的部分扔掉或者将字刮去使用，有时也会研磨成粉末，可以做刀伤药。不管是刮去字还是磨成粉，病人要从药材中发现甲骨文恐怕是不大可能的。真实的情况应该是，文物商人最早感觉到刻字龟甲可能有价值，然后去找人鉴定售卖。

1899年，有文物商人带着一些刻字的龟甲到北京给王懿荣看，王懿荣认定龟甲上的文字是上古的文字，高价收购，并从此开始收藏和研究甲骨。不过，王懿荣虽然是最早收藏并研究甲骨的专家，但他对甲骨的研究时间很短暂，还不到一年，没有什么成果。1900年，八国联军攻陷北京，王懿荣作为北京守将，宁死不屈，投井自尽。

2. 早期收藏和研究甲骨的专家

王懿荣去世后，他的儿子把他收藏的1000余片甲骨都卖了，大多数卖给了刘鹗。刘鹗又多方购得甲骨，收藏规模达到5000余片。1903年，刘鹗选出1058片甲骨，编成《铁云藏龟》一书，拓印出版，这是中国第一部甲骨文著录书（图1）。

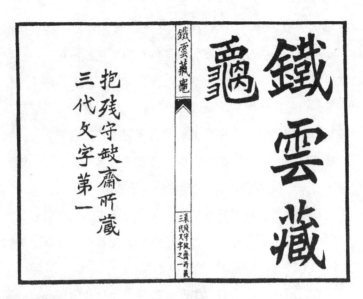

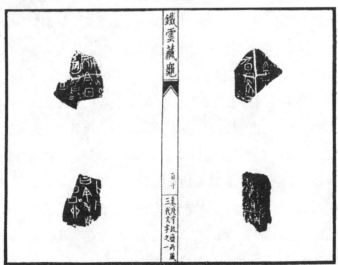

▲图1　《铁云藏龟》书影

刘鹗天资聪颖，精通数学、水利，善于经商，他一生经营实业，为人豪侠仗义。我们从他的小说《老残游记》中就可以看出他刚直不阿的性格。刘鹗对文字学也很热衷，除了《铁云藏龟》，他还出版了著录陶器文字的《铁云藏陶》、著录货币文字的《铁云藏货》和著录玺印文字的《铁云藏玺》。"铁云"是刘鹗的字，所以他的书以"铁云"冠名。1908年，刘鹗被人诬陷，充军发配新疆，次年生病死于新疆。

《铁云藏龟》将甲骨片拓印，可以让更多的人不必看到实物，即可通过拓本研究甲骨文，拓本也成为日后甲骨著录书的主要形式（其他形式还有照片、摹本等）。

《铁云藏龟》出版后，引起了经学家孙诒让的兴趣，他释读《铁云藏龟》中的文字，于1904年写出《契文举例》一书，这是中国第一部考释甲骨文字的著作。不过，因为依据的材料较少，孙诒让的考释还比较粗疏。

国学大师罗振玉与刘鹗是好友，也是儿女亲家。罗振玉1906年开始收藏甲骨，刘鹗去世后，他成为甲骨藏品最多的收藏家。罗振玉不光从文物商人手中购求，还派自己的弟弟罗振常专程去小屯村，直接从当地农民手中收购甲骨。

随着求购甲骨的人越来越多，甲骨文物不再是原来便宜的药材，价值陡增。当时售卖甲骨的风气之盛，我们从罗振常《洹洛访古游记》的记述中可以窥见一斑。

有一日，罗振常的同伴告诉他，某人家出售一片上等的肩胛骨，如果不及时买下，很快就会被别人买走。这户人家其实很早就藏有这片骨头，一直不肯拿出来，想等待时机，来卖个好价钱。这时恰好他们需要买一块地，所以才把骨头拿出来卖。

当时人们往往以甲骨片的大小和字数给甲骨定价，所以字多的大片甲骨就特别珍贵。一片甲骨的价值就相当于一块地，当地农民那么积极地挖掘售卖也就不足为奇了。这片肩胛骨最终被罗振常购得，现藏于中国国家博物馆（图2）。

罗振玉共收藏了近30000片甲骨，他精选自己收藏的甲骨，编成《殷虚书契前编》《殷虚书契菁华》《殷虚书契后编》等甲骨著录书。在收藏的基础上，他考证甲骨文字，著有《殷商贞卜文字考》《殷虚书契考释》等，系统地考证出了567个甲骨文单字，确定为可识字，使得很多甲骨卜辞能够读通，为后人识读甲骨文奠定了重要的基础。

王国维曾协助罗振玉整理甲骨，也研究甲骨文。王国维提出"二重证据法"，即把出土文献与传世古书相结合，互相印证。他写出《殷卜辞所见先公先王考》及《续考》，通过甲骨卜辞证明了《史记》中记载的商王世系都是真实存在的，并补充和更正了《史记》的个别疏漏。他还通过甲骨卜辞考证商代的礼制和地名。王国维首次把甲骨文字的考释应用于历史研究，开辟了甲骨学研究的新领域。

从1899年王懿荣发现甲骨文到1928年的近三十年间，甲骨

正

反

▲图2　罗振常购得的肩胛骨正反面照片

文物越来越引起人们的注意，也有越来越多的中外收藏家购买收藏甲骨，并著录成书。

3.大规模考古发掘和科学研究

早期的甲骨文物主要是当地农民挖出，卖给文物商人，再由收藏家购入和收藏。经过近三十年大量的私人挖掘贩卖，人们觉得，小屯村的甲骨应该都挖得差不多了。

1928年，中央研究院历史语言研究所成立，董作宾到小屯村考察，认为还有大规模发掘甲骨的可能。于是，中央研究院开始组织专家对殷墟进行专业考古和大规模发掘（图3）。从1928年到1937年，专家共进行了15次科学发掘，发现有字甲骨近25000片，收获颇丰。

虽然殷墟发掘的初衷是寻找甲骨文物，但后来重心也渐渐转向其他商代文物。这一时期的系统发掘，发现了不少商代的宫殿遗址和墓葬，也发现了大量的青铜器、玉器和陶器，以及石、骨、象牙等雕刻工艺品，大大推进了商代考古和历史研究。胡厚宣的《殷墟发掘》一书，对中央研究院的历次发掘都做了记录和总结。

中央研究院的15次发掘中，最重要的甲骨收获是1936年在小屯村北发现的著名的YH127坑，共得到有字甲骨17000多片。

YH127是一个圆形坑，直径约1.8米，深约6米，坑内堆积分层，中间层厚1.6米，全是甲骨。这么多甲骨一片一片清理

▲图3　1936—1937年殷墟发掘中发现的版筑基址
（引自胡厚宣《殷墟发掘》图版伍叁）

是一个漫长的过程，考古学家为了节省在野外的时间，减少对出土甲骨的破坏，按土层的尺寸制造了一个大木箱子，把包围甲骨的圆柱形的灰土作为一个整体，一起挖出来固定好装进木箱，运回南京，再在室内安全的环境中一片一片地清理。YH127坑大量甲骨的发现也大大推进了甲骨文研究，因为这17000多片甲骨是古人整理好并埋藏的，所以是成系统的，给学者们提供了大量的完整信息。

　　考古学家董作宾主持了1928年的第一次发掘，此后还主持或参与了其余7次发掘，为殷墟考古发掘出力甚多。董作宾著有《殷墟文字甲编》《殷墟文字乙编》等。他总结考古发掘的经验，考察新出的甲骨，创立了"甲骨分期"学说，把殷墟出土的盘庚迁殷到商纣王时期的273年间的全部甲骨分为五个时期，为数万片甲骨理清了时间先后的大致顺序。"甲骨分期"让甲骨文研究进入了一个全新的阶段。

这一时期，诗人郭沫若也转投甲骨文研究。郭沫若1930年出版了《中国古代社会研究》，他根据甲骨卜辞，结合出土器物和文献资料，研究商代的农业、畜牧、手工业等经济基础和社会组织、奴隶制度等上层建筑，把甲骨文献跟历史研究全面结合。郭沫若又著有《甲骨文字研究》《卜辞通纂》和《殷契粹编》，在甲骨文字考释和文例总结方面都做出了卓越的贡献。

罗振玉号雪堂，王国维号观堂，董作宾字彦堂，郭沫若字鼎堂，四人对甲骨研究有巨大贡献，合称"甲骨四堂"。唐兰在《天壤阁甲骨文存》的序中说："卜辞研究自雪堂导夫先路，观堂继之以考史，彦堂区其时代，鼎堂发其辞例，固已极一时之盛。"

"甲骨四堂"的研究为甲骨学成为一门完善的学科奠定了基础，同时或其后研究甲骨文的著名学者还有很多，如被称为"甲骨四老"的陈梦家、胡厚宣、唐兰、于省吾，以及容庚、杨树达、徐中舒、商承祚、岛邦男、李孝定等学者，他们在甲骨文献的搜集和整理、甲骨文字考释等方面都做出了重要贡献。

1949年后，考古学家对殷墟还有过多次考察，其中有两次较大规模甲骨发现。一次是1973年在小屯南地发现有字甲骨5041片。另一次是1991年在花园庄东地发现有字甲骨579片。

此外，河南、河北、山东的一些地区也发现了商代遗址和少量甲骨，陕西、湖北、河北等地也发现了周代初期的甲骨。

由郭沫若任主编、胡厚宣任总编辑的大型资料文献《甲骨文合集》于1978—1983年出版，收录了40000余片有字甲骨的拓片、摹本或照片。之后，《甲骨文合集补编》于1999年出版，收录了有字甲骨15000余片。这两部集大成的著录为人们学习和研究甲骨文提供了极大的便利，至今仍是研究甲骨文最重要的资料。

随着甲骨文物的不断发掘和甲骨文资料的日渐完备，人们对甲骨文的认识也不断深入，建立了系统的甲骨学专业，投身甲骨文研究的专家学者越来越多。

第三章 •••

甲骨文记录了什么？

1. 甲骨卜辞的行文

考古发现的甲骨文大都是商代占卜的记录，所以也称为"甲骨卜辞"。学者从大量的卜辞总结出，一组完整的卜辞有四方面的内容，称为"叙辞""命辞""占辞""验辞"。

"叙辞"记录占卜的时间和贞人的名字，有的也记录占卜的地点。"命辞"记录问卜的事情。"占辞"记录商王或贞人观察卜兆之后，得出的占卜结论。"验辞"是占卜之后过段时间记录的实际发生的事情，并说明是否符合占卜的结论。

如《甲骨文合集》137正（图1），这是一片残缺的牛肩胛骨，用两根长长的界划线隔开了左中右三条卜辞。中间一条卜辞就是叙辞、命辞、占辞、验辞四方面内容都具备的卜辞。这条卜辞三竖行是从左往右写的，卜辞的释文如下：

癸丑卜，争贞："旬无祸？"王占曰："[有]祟。有梦。"甲寅允有来艰。左告曰："有垦彐自益，十人又二。"

　　"癸丑卜，争贞"是叙辞，癸丑日是干支纪日，是占卜的时间；"争"是贞人的名字。"旬无祸？"是命辞，贞问的内容是："一旬之内没有灾祸吧？"

　　卜辞常贞问"旬无祸"，这是一种常规的占卜。

　　"旬"是十天，按照干支纪日，天干"甲、乙、丙、丁、戊、己、庚、辛、壬、癸"循环一轮就是十天。

　　"王占曰：'[有]祟。有梦。'"是占辞。商王看了卜兆，说出卜兆上显示的结论："有祸祟，有噩梦。"占卜的结果不好。

　　"甲寅允有来艰。左告曰：'有垦彐自益，十人又二。'"是验辞，大意是说，甲寅日（即占卜的第二天）确实（"允"）有不好的事情（"艰"）发生。左卜官报告说："有从事种植的奴隶（"彐"）从益地逃走（"垦"为逃走义），逃走的人一共有十二人。"

　　左边那条卜辞三竖行是从右往左写的，释文如下：

　　癸卯卜，争贞："旬无祸？"甲辰大骤风。之夕啞。乙巳□辈[十]五人。五月在□。

这条卜辞有叙辞（"癸卯卜，争贞"）、命辞（"旬无祸？"）和验辞。验辞大意是，甲辰日发生了大暴风。这天晚上举行了酎祭。乙巳日某贵族（人名残缺，释文用"□"表示）抓到了十五人。这是五月发生在某地的事（地名残缺，释文用"□"表示）。这条卜辞没有占辞。

右边那条卜辞不完整，四竖行从左往右读是：

癸丑卜，争贞："旬无[祸]？"三日乙卯[允]有艰。……丁巳……

这条也是有叙辞（"癸卯卜，争贞"）、命辞（"旬无[祸]？"）和验辞。验辞说占卜后的第三天乙卯日果然有不好的事情，再之后的丁巳日也有事情发生。后面句子不全，也比较难懂，我们就不具体说了。

有时候占辞和验辞会写在甲骨反面，可以与正面的卜辞连起来看。这片甲骨反面也写着一些占辞和验辞（图2）。

今天发现的甲骨文献中，叙辞、命辞、占辞、验辞四方面内容都齐全的卜辞并不多。有的是因为记录者省略了某些内容，没有完全刻写出来；有的则是因为材料残缺。甲骨出土时年代久远，多数已经朽坏，完整的甲骨片很稀少，大都是残片（图1、图2）或碎片（图3、图4），虽然有些残片和碎片可以缀合在一起，但大多数情况，人们只能看到一部分信息，并不

◄图1 《甲骨文合集》137正

▶图2 《甲骨文合集》137反

▲图3　《甲骨文合集》534　　　　▲图4　《甲骨文合集》4322

完整。

2.甲骨卜辞讲了什么?

商朝占卜盛行，占卜的内容涉及社会生活的多个方面，如农牧生产、天文气象、战争田猎、祭祀祈福、生育、疾病、出行等等，都可以占卜。下面选取一些简单的卜辞，略举数例。

甲子贞：“大邑受禾？”（《甲骨文合集》32176）

意思是，甲子日占卜，贞问："大邑会获得禾谷丰收吗？"这是跟农业生产有关的占卜。

己巳王卜，贞："[今]岁商受年？"王占曰："吉。"（《甲骨文合集》36975）

意思是，己巳日商王亲自问卜，贞问："今年商国会获得丰收吗？"商王看了卜兆后说："吉利。"这条卜辞跟上一条意思接近，"年"字的本义就是庄稼丰收。

乙卯卜，㱿贞："今日王往于敦？"之日大采雨，王不[往]。（《甲骨文合集》12814正）

"敦"是地名。"大采"表示时间，指天刚亮的时候。这条卜辞的意思是，乙卯日占卜，贞人㱿问卜："今日商王去敦地吗？"（后面是"验辞"）这一日天刚亮就下雨，商王不去了。这是跟商王出行有关的占卜。

旬壬寅夕月有食。（《甲骨文合集》11482反）

这是一条验辞，意思是：这一旬的壬寅日的晚上发生了月食。这是关于天文的记载，说明商朝时候人们对月食就很重视了。

　　　　庚午卜，内贞："王勿作邑在兹，帝若？"

　　　　庚午卜，内贞："王作邑，帝若？"八月。（《甲骨文合集》14201）

　　这两条卜辞意思正好相反，是一种特定的占卜形式，叫作"对贞卜辞"。贞人问出同一件事的正反两面，大概更能保证占卜的准确性。甲骨卜辞中经常有对贞卜辞。这两条卜辞的意思是：

　　庚午日占卜，贞人内问卜："商王不在这个地方建造城邑，天上的神会保佑顺利吗？"

　　庚午日占卜，贞人内问卜："商王（在这个地方）建造城邑，天上的神会保佑顺利吗？"占卜在八月。

　　"帝"指天上的神，"若"是顺利的意思。这是关于营造工程的占卜。

　　　　贞："王梦启，唯祸？"

　　　　"王梦启，不唯祸？"（《甲骨文合集》122）

　　这也是两条对贞卜辞，是关于商王做梦的占卜。"启"是天晴的意思。这两条卜辞的意思是：

贞问："商王梦到了天晴，会有灾祸吗？"

"商王梦到了天晴，不会有灾祸吗？"

贞："元示三牛，二示三牛。"（《甲骨文合集》14822）

这是一条关于祭祀的卜辞。"示"字的意思是被祭祀的祖先。"元示"是商王的远祖"上甲微"，为商朝的繁荣做出了很大的贡献，商人祭祀时对他相当重视；"二示"则是"主壬""主癸"两位远祖的合称。这条卜辞的意思是，贞问："祭祀元示用三头牛，祭祀二示用三头牛，可以吗？"

辛丑卜，㱿贞："舌方其来，王勿逆伐？"（《甲骨文合集》6199）

这条是关于战争的卜辞。"舌方"是一个方国，在商王国的西北，经常跟商王国发生战争。这条卜辞的意思是，辛丑日占卜，贞人㱿问卜："舌方来攻打我们，商王不要正面迎击吗？"

"王其狩，湄日无[灾]？"（《甲骨文合集》29248）

这是一条关于田猎的卜辞。"湄日"就是整日、一整天。这条卜辞的意思是："商王去狩猎，一整天都没有灾祸吧？"

贞："疾耳，唯有蚩？"（《甲骨文合集》13630）

这是一条关于疾病的卜辞，意思是，贞问："耳朵有了毛病，是不是有什么祸祟？""蚩"是祸祟的意思。商王的耳朵出了毛病，怀疑有祸祟作怪。

3. 记事刻辞

"记事刻辞"不是占卜的记录。这样的刻辞主要是记录甲骨的来历，往往刻写在甲骨的边缘，如：

雀入二百五十。（《甲骨文合集》5298反）

这是说一个叫"雀"的大臣进献了二百五十只龟。

还有少量特别的兽骨，如鹿骨、犀牛骨、虎骨等，上面的刻辞记录的大都是狩猎捕获这头野兽的事件，如商纣王时著名的虎骨刻辞（图5）：

辛酉，王田于鸡录（麓），获大豮虎。在十月，唯王三祀，劦日。（《甲骨文合集》37848反）

◀图5　虎骨刻辞
（《甲骨文合集》37848反）

　　意思是，辛酉日，商王去鸡麓山狩猎，捕获大猛虎。这事发生在王三年十月，还举行了祭祀。"霙"字不知道是什么意思，大概是指老虎的某个品种。"祀"是年的意思，"王三祀"就是"商纣王（帝辛）三年"。"劦日"是一种祭祀的名称。从这条记载可以看出商纣王相当勇猛。传说商纣王身材魁梧，勇力过人，不过最终还是因为昏庸残暴，成了亡国之君。

　　以上我们举例简单介绍了甲骨卜辞和记事刻辞的一些内容，从这十几个小例子我们可以感受到，甲骨刻辞的内容丰富多样和艰深难懂。因为商朝距离我们太过久远，不管是文字还是社会历史，对于我们来说都过于陌生。如果不是专家学者长年累月地研究，一点点拨开迷雾，我们是根本无法知道甲骨文字都记录了些什么的。

第四章

甲骨文是最早的汉字吗？

1.文字跟图画的区别

我们经常听到一种说法，汉字是象形文字，或者说甲骨文是象形文字。确实，甲骨文字看起来形象生动，很像图画，那我们为什么说它是文字，不是图画呢？它跟图画的区别在哪里？这就需要知道什么是"文字"，也就是文字和语言的密切关系。

文字是记录语言的工具，是配合语言存在的，没有语言就没有文字。语言的特征是读音和意义，就是通过特定的音节按照特定顺序排列来表示特定的意义。文字要记录语言，就是记录特定的音节和意义。汉字是记录汉语的工具，所以每个汉字都对应汉语中一个特定的音节，它不光有字形，还有字音和字义。

比如说，"象"字的甲骨文写作

描绘了长鼻子大象的形状，很像一幅图画。但作为一个字，我们只能把它读作"象"，不能读作"大象"，更不能读作"长鼻子大象"。因为它只记录了汉语中的"xiàng"这个音节。如果要记录"大象"，我们必须写出两个字——"大"和"象"，并且按正确顺序排列。

"大"的甲骨文写作

是一个正面站立的人的形象，但我们不能把它读作"人"，它也不表示"人"的意思，它记录的是汉语里"dà"的音节，表示的是跟"小"相对的"大"。

所以说，文字是跟语言对应的，它不能像图画一样被自由解读。

2. 甲骨文是一种成熟的文字

甲骨文已经是一种很成熟的文字了，因为它可以系统完整地记录汉语。

汉字造字法传统上有"六书说"，即"象形、指事、会意、形声、假借、转注"。其中"转注"究竟是什么意思，人们并未达成一致的意见，所以一般不用"转注"来分析汉字，相当于只有"五书"，即五种造字方式。这五种造字方式在甲骨文中都有使用。

"象形"是最基本的，我们都理解。"指事"包括单纯的表义符号，如"一""二"就是用一横或两横标示数字；也包括在象形字的基础上添加标记，如"刃"就是在"刀"字上添加标记，标示刀刃的位置。"会意"则是把两个字合在一起表义，如"休"字，由"人"和"木"组成，表示人在树下休息。

"象形""指事""会意"都是通过形体来表现字义的，而"假借"则主要通过读音来表现字义。一般来说，文字产生于象形字和指事字，因为它们跟图画最接近，最容易造出。但是，光用"象形""指事"以及"会意"的方式并不能造出可以记录语言的全部文字。为什么呢？

因为语言中不光有具体的事物，还有抽象的动作、状态、概念，比如"思考""努力""方向""哲学"，这些动作、状态、概念往往无法通过具体的形象来表示。而且，语言中不光有名词、动词等实词，还有表示语法、逻辑关系的虚词，如"和""的""了""因为""如果"等，表示这些虚词的字也不可能通过"象形"等方式造出来。于是，人们就通过语音的联系来造字，这就是"假借"了。

　　"假借"就是用一个已有的同音字来记录语言中的词，比如表示"没有什么"的"莫"，人们无法用具体的形象来表示它，就借用一个跟它读音相同的"莫"字来表示。

　　"莫"原本是个会意字，甲骨文写作

表示太阳落入草木之中，本义是夜晚。

　　"莫"被假借表示否定义，成了这个字形的常用功能，后来人们又给它添加一个"日"旁，造出"暮"字，来专门表示它的本义。

　　甲骨文里已经有很多假借字了，如"来"字，原本是个象形字，甲骨文写作

本义是麦子，在甲骨卜辞中"来"就假借为"来往"的"来"了，又引申为"将来""下一个"等义。

　　又如"其"字，原本也是个象形字，甲骨文写作

本义是簸箕，甲骨卜辞中就假借表示推测语气的虚词了，如"来庚寅其雨"，意思就是"下个庚寅日应该会下雨吧"。

假借的造字方式，突破了象形、指事、会意的局限，不管什么抽象的概念只要找到一个已有的同音字，就都可以表示了。

"形声"就是用形旁和声旁合起来造字，既能体现字义，也能体现字音，是汉字的最独特和最常用的造字方式。最开始产生的形声字往往是通过给象形字添加声旁，或给假借字添加形旁造出的。

比如"鸡（鷄）"，原本是个象形字。如甲骨文

后来添加了声旁"奚"表示字音，原本象形的部分简化为"鸟"，就成了

这个形声字。

再如"隹"，原本是个象形字，甲骨文写作

表示鸟，假借为语助词，后来人们又给它添加形旁"口"表示假借义，新造出的"唯"字就成了形声字。随着形声字越来越

多，人们渐渐意识到形声字既能表义又能表音的优势，就有意识地造形声字了。

在后来的形声字中，形旁不再表示具体的形象，而是表示字义的类别。如"木"旁表示跟树木或木制品有关的字，"水（氵）"旁表示跟水或液体有关的字。所以只要选定同音或音近的字作声旁，就能造出大量的字了，如"松""柏""桌""柜""海""湖""清""浊"等。

有了形声字，汉字就完全摆脱了象形的局限，即使有具体形象的事物，也可以通过形声字表示，如"桌""柜""盆""碗"等，就不必画出桌子、柜子、盆和碗等的形状了。所以在形声字大量出现后，人们就不再造新的象形字了。形声字也使得汉字的数量大大增加，据统计，甲骨文里的形声字占比只有不到20%，而我们今天使用的汉字，90%以上都是形声字。

甲骨文里既有象形字、指事字、会意字，也有假借字、形声字，当时的具体概念、抽象概念、语法虚词都能通过文字系统地表现，所以说甲骨文字已经是一种相当成熟的文字了。

3. 比甲骨文更早的汉字

按照一般规律，一种原创的文字不是一下子就能都造出来的，它要经过一段时期的发展，字数由少到多，才能逐渐成熟完备。甲骨文已经是一种很成熟的文字了，所以，它肯定不是汉字最早期的样子。但因为考古资料的缺乏，我们无法得知甲骨文之前汉字发展的全貌，只能通过一些材料略窥一二。

考古学家发现一些原始社会的器物上有刻画符号，如距今8000多年的舞阳贾湖刻符、距今6000多年的西安半坡陶文和距今4500年左右的大汶口陶文（图1）等。这些刻画符号大都是简单的记号或图形，且数量稀少，对于它们是不是早期的汉字，学者多有争论。只有大汶口陶文，大概可以确认是当时的文字。

大汶口陶文是1959年在山东莒县陵阳河大汶口文化晚期遗

▲图1　大汶口的陶缸及上面的陶文

址中发现的，比甲骨文早1000多年。图1所示的陶缸上刻画了四个象形符号，古文字学家考证这些都应该是当时的文字，有的看起来与后来的甲骨文已经比较接近了。

甲骨文是目前所见的最早的成系统的汉字，甲骨文之前汉字的形成和发展大概已有千年以上的历史了。

早期的汉字是什么样子，哪些字先造出来，哪些字后造出来，我们无法通过考古材料得知。同样是象形文字的纳西东巴文，或许能让我们对一种尚未成熟的文字有些直观的感受。

图2是著名的纳西经文《古事记》的一段，它只有若干关键字，如"蛋（〇）""风（≋）""白（丅）""黑（•）"等，并不能记录完整的语言，我们无法通过逐字的排列来阅读它。

这种文字只能通过经师口传，人们才能读懂。经师说，这

▲图2　纳西东巴文经书《古事记》中的一段

一段对应的经文是："把这蛋抛在湖里头，左边吹白风，右边吹黑风，风荡漾着湖水，湖水荡漾着蛋，蛋撞在山崖上，便生出一个光华灿烂的东西来。"

可见，纳西东巴文更像是图画，相比之下，甲骨文确实是一种相当成熟的文字。汉字在甲骨文之前，或许也经历了像纳西东巴文字这样的阶段。

4. 甲骨文的时代已经有笔和竹简了

因为甲骨文大都是刻写在甲骨上的，所以很多人误以为甲骨文时代没有笔，人们只用刀刻写文字。实际上甲骨文时代不光有写字的笔，而且也有把文字写在上面的竹简，那时的书写材料已经很完备了。这些我们从甲骨文的字形里就能看出来。

甲骨文中有"聿（yù）"字，写作

是一只手（"✗"）握着毛笔的形状，说明当时已经有笔了。后来，人们给"聿"字添加了"竹（⺮）"旁，写作"筆"，就是繁体的"笔"字了。

甲骨文字虽然大都是用刀刻写的，但学者考察甲骨实物发现，在刻写之前，人们有时会先用笔把字写在上面，然后沿着笔迹刻写；甚至还有时候只用笔写字，不刻写。

甲骨文中有"册"字，写作

就是用绳子编连在一起的竹简的形状。又有"典"字，写作

是两只手捧着"册"，表示重要的文件，后代引申为经典的意思。

可见，甲骨文时代已经有了记事的竹简。只是因为竹简容易朽坏，没有保存下来。如果当时的竹简能保存下来，我们今天能得知的商代的历史信息大概就要丰富许多了。

5. 甲骨文和金文的关系

金文是铸刻在青铜器上的文字。我们讲汉字的演变，常常说甲骨文之后是金文，这是通常意义上的。因为我们考古发现的甲骨文大都是商代中后期的，而我们发现的金文大都是西周、春秋、战国时期的，所以说甲骨文通常比金文更早。但是，也有一些铸刻文字的商代青铜器，跟甲骨文同时期甚至比甲骨文更早一些。

另外，因为甲骨文大都要用刀刻写，而刀刻比用笔写字费力，也很难把握弯曲的线条，所以很多甲骨文字是直线为主，

笔画也比较简略，也就是说，很多甲骨文字已经是当时的"简体字"了。相比之下，金文更容易表现字形，甚至美化字形，比如可以表现线条粗细的变化，甚至画出团块等非线条图案，所以早期金文相比甲骨文要更加象形。

甲骨文主要是占卜的记录，金文则与占卜无关。金文的内容主要是记事，一般跟制作这件器物的原因有关。商代的铜器铭文大都比较简略，只有几个字（图3），主要记录制作这件器

▲图3　后母戊鼎铭文拓本

物所祭祀的先祖的名字，或者作器者的族名或名字。如著名的后母戊鼎，虽然重达800多公斤，是中国考古发现的最重的鼎，但上面只有"后母戊"三个字。再如象且辛鼎（图4），上面只有"象且辛"三个字，但是作为族名的"象"字特别象形，完全采用团块图案，就跟画出来的一样了。

▲图4　象且辛鼎铭文拓本

第五章

甲骨文字与现代汉字大不同

1. "日"和"丁"、"大"和"立"

　　我们可以直观地感受到，甲骨文字跟现代汉字的差别相当大。如果不专门学习，大部分甲骨文字我们是无法辨认的。即使是甲骨文中的象形字，当我们知道它是哪个字的时候，似乎容易理解其义；但如果不知道它是哪个字，很多时候也很难通过字形推测出来。

　　有些字我们比较容易看出甲骨文字形跟现代汉字的联系。比如"日"字，甲骨文写作

等形，方形的写法几乎跟现代汉字相同了。

　　但是，在甲骨文里还有一个跟"日"形体相近的字，写作

等形，只比"日"字少了中间一横，这是个什么字，我们单凭字形就很难猜测出来了。这个字是"丁"字，也是个象形字，一般认为是钉头的形状，字形本义是钉子。甲骨文的"丁"字跟现代汉字的差别就相当大了。

再如"大"字，甲骨文写作

等，表示一个正面的人形，我们可以看到它跟现代汉字的"大"还比较相似。但是在甲骨文的"大"字下面加上一横，写成

我们就不那么容易辨认了。这个字表示人站立在地面上，就是"立"字。

汉字在发展过程中，原来多样的图画性质的线条逐渐变成了特定的笔画，所以字形的差别就变大了。

下面我们就从几个主要方面说说甲骨文字跟现代汉字的差别。

2.线条和笔画

从上面的"立"字我们可以看到，甲骨文字跟现代汉字有个明显的区别就是线条和笔画不同。

甲骨文字没有固定的笔画，虽然在一些字中我们可以看到比较清楚的横的和竖的直线，以及斜线，但是其他很多时候则不能归纳出笔画，自然也就没有特定的笔顺。甲骨文字的线条的表现性很强，所以更接近图画。

现代汉字则是由笔画组成的，不管什么部件最终都是由"横""竖""撇""捺""点""折"几种笔画组合而成，虽然其中"折"稍微复杂，有几种不同的形式，但是笔画的形式是有限的，每个字的笔顺也是固定的。所以，字典里有笔画检字法。如果是甲骨文，就没法使用笔画检字法了。

笔画的成熟发生在秦汉的隶书时代，是汉字的发展过程中最大的转变。人们常把隶书之前的汉字称为"古文字"，把隶书之后的汉字称为"今文字"。

3.异体字和规范字

甲骨文中一个字常常有很多异体的写法，归纳起来，主要有以下几种情况。

（1）具体的线条、笔形不同，一个字多几笔或少几笔的情况在甲骨文中很常见。

如"天"字，有

等形，"羊"字有

等形。甚至有时象形字描画事物的方式都会不同，比如"龟"字，有俯视的字形

也有侧视的字形

（2）字形的方向不同。

如"人"字有

"月"字有

既可以朝左，也可以朝右。这种情况在甲骨文中相当普遍。

再如"侯"字，在甲骨文中不光有朝左和朝右的

还有上下颠倒的

这种情况不多见。

（3）部件的位置不同。

比如"好"字，甲骨文有

"女"在左"子"在右；也有

"子"在左"女"在右。

又如"休"字，甲骨文有

"人"在左"木"在右；也有

"木"在左"人"在右。

（4）组合中的部件不同。

如"牢"字，甲骨文有

被围起来的部件是"牛"；也有

被围起来的部件是"羊"。

"牢"的本义是关牲畜的圈舍，不管牛圈还是羊圈，都可以表示"牢"。

（5）造字的方式不同。

比如"鸡（鷄）"字，在甲骨文中有两种写法，一种是象形字，如

一种则添加了声旁"奚"，成为形声字，如

添加了声旁的字容易识别，象形的作用就不那么重要了，所以象形部分后来就用"鸟（鳥）"代替了。

汉字被众多的人发明和使用，因为造字和用字的差异，难免产生异体字。甲骨文之后，汉字也不断产生异体字，一个主要原因是形声字选择了不同的形旁或声旁，比如"粮"和"糧"，形旁都是"米"，声旁分别为"良"和"量"；再如"杯"和"盃"，声旁都是"不"，形旁则分别为"木"和"皿"。

异体字体现了汉字造字的灵活性，但也给人们学习和使用汉字造成了麻烦，增加了记忆的负担，所以历史上人们也常对异体字做出取舍和规范。现代规范汉字从不同的异体字中选定一个标准字形，已经基本不使用其他字形了。

4. 繁体字和简体字

对于繁简字有两种理解。

一种是特定意义上的，今天我们使用的汉字被称为简化字，是新中国成立以后推广使用的；与之相对的，之前通用的字形我们称为繁体字。

简化字和繁体字是两种体系，但并不是每个字都有简化字和繁体字的不同，因为简化的目的是减少笔画，便于书写，所以像"一""人""日""月""大""小"这些本来笔画就很简单的常用字从古到今都是一样的，不需要再简化。

总体来看，简化字的笔画比繁体字减少了很多，方便了书写。但是繁体字跟早期汉字的联系更密切，有些时候，我们要理解甲骨文等古文字跟后代文字的关系，观察繁体字会看得更清楚。

比如"儿"字，通过繁体字"兒"，我们就能与甲骨文

对比，理解字形的演变过程。

另一种意义的繁简字则不限年代。因为人们在使用汉字的过程中，一直在追求书写的简便，所以字形演变主流就是简化。甲骨文里同一个字就有繁简的不同形式，比如"中"字，甲骨文里既有

也有

秦汉的隶书相对于之前的古文字也是一次大规模的简化，而我们今天使用的简化字也有很多在古代就已经产生并且在民间使用了。

5.汉字数量的大量增加

今天发现的甲骨文献中可以归纳出不同的单字4500个左右，可以识读的只有1000多个，其中有些字学者识读的意见还

不一致。可见，甲骨文中的大部分字对于我们还是未知的谜。虽然这大部分字没有被认出，但我们可以推知它们大都是当时特定的具体名词，后代已经消失，不再使用。

现代汉字的数量远远超过了甲骨文字的数量，一方面，因为现存的甲骨文献主要是占卜的记录，而且比较简略，所以肯定不会用到当时的全部文字；另一方面，随着几千年的中国社会发展和对外文化交流，新生事物不断出现，我们今天的社会文化生活要比商代的古人丰富得多，这些新生事物及其带来的新的文化及生活方式都需要特定的名称来表达，需要与之对应的字。

有的可以用已有的字来表示，比如"火车"，虽然是一个新事物新词语，但用的是旧词的组合表示新意，"火"和"车"两个字在甲骨文里都有。

有的则造出新字来表示，比如商代还没有纸，没有瓷器，没有茶叶，所以也没有"纸""瓷""茶"这三个字，这三个字都是后代人造出来的。

不光社会生活发生了巨大变化，人们的语言也发生了显著的变化，我们现在阅读古文很困难，就是语言发生变化的结果。上古汉语以单音词为主，现代汉语则以双音词为主，阅读古文时我们能直观地感受到，表达同样的意思，古代比现代用的字少。而且同一种事物古代跟现代的说法也不一定相同。语言的发展演变也导致了文字数量的大量增加，用以记录不同的语词。

　　东汉许慎的《说文解字》，是中国第一部字典，里面共收录了9353个单字，比人们归纳出的甲骨文字数多出近一倍。北宋的韵书《广韵》收录了26194个字，清代的《康熙字典》收录了47035个字，现代的《汉语大字典》则收录了56000多个字。可见，相比于甲骨文时代，如今汉字的数量是大大增加了。

　　我们今天使用的汉字大部分都不能在甲骨文中找到对应的字，也就是说，在甲骨文时代，我们今天使用的大部分汉字还不存在，这是我们可以理解的。不过，也有不少我们今天最常用的最基本的汉字，如"人""日""月""水""火""大""小"等，从甲骨文时代至今，它们具有明显的一脉相承的关系。这些字还往往作为形声字的形旁，为造出大量新字发挥了作用。

　　观察这些有悠久历史的字，了解它们最初的来历和后来的演变，对于我们认识和学习今天的汉字也有着重要的意义。

第六章

甲骨文之后汉字的演变

1. 金文

"金文"就是铸刻在铜器上的铭文。"金"字在上古时期的字义跟今天有所不同，泛指所有的金属，铜也常称为"金"，所以，铜器上的文字就称为"金文"。又因为周代铜器以钟和鼎为代表，所以金文又称为"钟鼎文"。

前面我们讲过，金文并非都晚于甲骨文，有些金文跟甲骨文同时代甚至更早。不过金文的历史跨度很长，且大部分是西周、春秋和战国时代的文字，不同时代的金文也体现出了文字形体的变化。

商代的铜器铭文一般字数很少，后来渐渐增多，到了西周后期，铜器铭文可达数百字，如毛公鼎，有498字，是现存的字数最多的鼎（图1）。毛公鼎记录了周王的谕旨，包括嘱托

▲图1 毛公鼎铭文（部分）

毛公辅佐王室的事项，以及赏赐给毛公的物品。周王下令铸造此鼎，铭刻圣谕，表彰毛公的功绩，令"子子孙孙永保用"。

从毛公鼎铭文，我们就能感觉到西周后期的金文跟商代金文和甲骨文的不同，主要是文字更加整齐，字的大小比较一致，部件更匀称，线条也更对称美观，这样，象形程度也就随之降低了。

春秋战国时代，各个诸侯国分治，文字也逐渐变得互有不同。秦国的文字比较保守，跟西周相比变化较小。而其他诸侯国的文字则风格各异，互相之间异体字也越来越多，五花八门，不同国家的人之间几近无法交流。

保存战国时期文字的文物资料有不少，除青铜器外，还有竹简（图2）、帛书、玺印、钱币等，这些文物上的文字也得到了学者的专门研究，为我们展示出了战国文字丰富多样的面貌。

2. 小篆

秦朝建立后，秦始皇实行"书同文"，废除了原来六国的不同文字，统一使用秦国传统的文字——小篆。

秦始皇称帝后曾巡行天下，在峄山、泰山、琅琊台等地刻石，宣扬自己的功绩，这些刻石的文字就是当时的小篆。日久天长，这些刻石基本都已毁坏，但是有的有后代的摹刻本传世，如峄山刻石（图3），从中我们可以看到，小篆字形跟西周

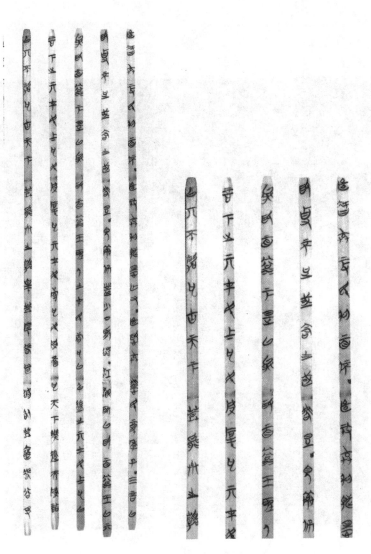

▲图2 郭店楚墓竹简《老子》（部分）及其局部放大

▲图3 峄山刻石

金文是一脉相承的，但是文字已经变得相当规整了。

　　相比于甲骨文、金文，小篆有个重要的变化，就是字形基本固定了。我们前面说甲骨文的异体字很多，部件的位置、方向都不固定，到了小篆，这种情况已经很少了。

　　比如"月"字，甲骨文既有朝左的

又有朝右的

小篆则都是同样的

　　"止"字甲骨文有

等写法，小篆都写作

　　"步"字甲骨文有

等，两个"止"的位置、方向都很随意，小篆写作

位置和笔画都固定了。

东汉许慎的《说文解字》共收9353字，每个字的字头都采用小篆字形（图4），通过小篆字形讲解文字，可以说是一部系统完整的小篆字典。不过其中有少量字形，可能由于许慎掌

▲图4　《说文解字》书影（中华书局影印清陈昌治刻本）

握的材料有误，或是后人传刻的误改，不符合秦代小篆的本来面貌。

3. 隶书

小篆是秦朝的官方文字，也是跟甲骨文、金文一脉相承的古文字的总结。在小篆作为正体字的时候，汉字也正在酝酿着一次大的转变，另一种简化的俗体字——隶书，渐渐形成规模。

隶书在战国后期就出现了，当时秦国在正式场合使用小篆，而一些辅助的事务性文书工作，需要快速记录，就渐渐产生了简化的写法，因为这种写法在当时主要是一些低级官吏使用，这些官吏被称为"隶"，所以把这种字体称为"隶书"。隶书简单方便，写起来比小篆轻松很多，所以后来使用隶书的人越来越多。到了汉代，隶书就取代了小篆，成为通行的官方字体了。

下面三图分别是西汉早期（图5）、西汉晚期（图6）和东汉时期（图7）的隶书。我们可以看到，隶书相比于小篆变化相当大，后期的隶书相比于早期的隶书也有不小的变化。早期的隶书看起来还有些小篆的意味，后期的隶书则跟小篆全然不同了。

隶书相对于小篆最大的变化是特定笔画的形成，多变的线条完全被分解成有限的笔画组合。

▲图5　马王堆帛书《战国纵横家书》（局部）

比如曹全碑（图7）的第一个字"君"，小篆写作

对比可以看出，从小篆到隶书，上面圆转的

◀图6　武威汉简（局部）

▼图7　曹全碑（局部）

被横画和竖画取代了，下面原本由横画和半圆形线条组成的

也被横画和竖画取代了。

隶书还对小篆做了不少减省，有时把重复的部件省略，如
"雷"字，小篆写作

下面三个"田"形（车轮形，表示雷声滚滚），隶书则省略为
一个"田"形，写作

雷

有时则形成了新的部件，比如"春""秦""奉"三个字，小
篆写作

春　秦　秦

每个字的上部都不一样，是不同的表义或表音部件，而隶书
写作

春　秦　奉

上部都变成一样的了。这样一来，字形虽然简化了许多，但是
看不出原来构形的理据了。

　　隶书还有一个创新，就是形成了偏旁的简写和变形。比如"水"旁写在左边，小篆不简化，如"河"字小篆作

洵

到了隶书，则简化成了三点水"氵"，如

河

　　再如"人"旁写在左边，小篆也跟单用相同，不变形，如"休"字小篆写作

休

到了隶书，就写成单人旁"亻"了，如

休

　　因为隶书完全改变了小篆之前古文字弯曲的线条，代之以简单的笔画，汉字的象形性就大大减弱了，基本变成了表义的符号。人们把汉字进入隶书时代称为"隶变"，把隶变之前的文字称为"古文字"，把隶变之后的文字称为"今文字"。

4.楷书

　　楷书大概形成于东汉后期到魏晋时期，至唐代发展成熟。一般认为钟繇的《宣示表》（图8）是最早的楷书书法作品。

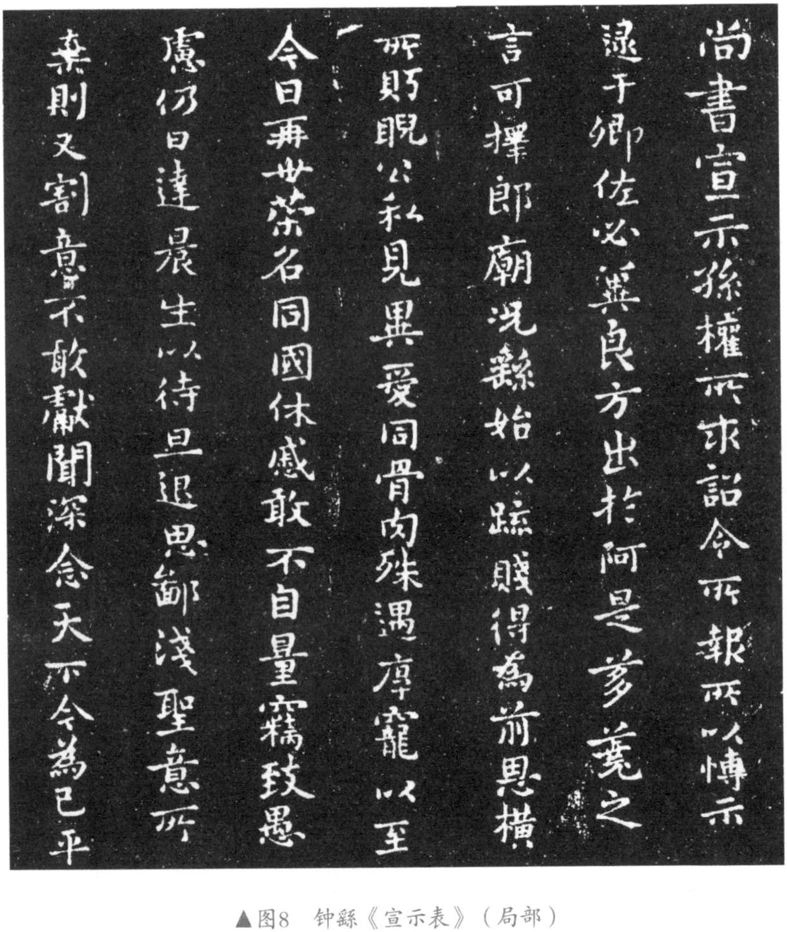

尚書宣示孫權所求詔令所報所以博示

遠于卿佐必冀良方出於阿是爹蔑之

言可擇郎廟況緣始以疏賤得為前恩橫

所昵睹公私見異愛同骨肉殊遇厚寵以至

今日再世榮名同國休戚敢不自量竊致愚

慮仍日達晨坐以待旦退思鄙淺聖意所

棄則又割意不敢獻聞深念天下今為已平

▲图8　钟繇《宣示表》（局部）

楷书在隶书的基础上又加以改进，取消了笔势的波折（比如隶书的长横画收笔时往往上挑），书写起来更加省力，整体字形也更加方正。至于部件构形，变化并不大。

楷书的"楷"字，是楷模、楷式的意思，是说这种字体是一种标准字体，所以楷书又称为"正书""真书"。楷书让汉字的形体达到了最整齐美观、也最方便书写的效果，到了楷书，汉字的形体可以说是发展成熟了。所以从楷书形成至今，通用的汉字形体都没有再发生变化。

5. 草书和行书

草书是在隶书和楷书的基础上进一步简化的写法，这种写法最初也是在实际使用中产生的，因为显得草率，所以称为"草书"。

最初的草书称为"章草"（图9），章草在秦汉时代就出现了。人们为了写字更快，又减省了隶书的笔画，辅助隶书使用。我们可以看到，章草其实并不显得很潦草，还是比较整齐，因为它有实用功能，需要人们能够辨认。后来的草书称为"今草"（图10），看起来就潦草多了。对于普通人来说，今草的字形常常难以辨认，所以它不再具有实用功能，后来主要作为书法的一个门类，突出它的艺术性和精神气质。

因为草书是对隶书和楷书的简化，也形成了一些特定的简化方式。我们今天的简化字有不少就是来自古代的草书字形，

▲图9 索靖《月仪章》（局部）

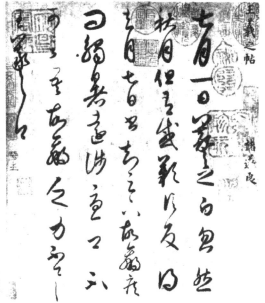

▲图10 王羲之《七月帖》

比如简体字"马"来自繁体字"馬"的草书字形

简体字"乐"来自繁体字"樂"的草书字形

这种汉字简化的方式叫作"草书楷化"。

行书（图11）比草书产生得晚些，相比于草书，是一种折中的简化写法。行书只是在隶书和楷书的基础上改变笔形，把一些笔画连起来，也稍作省减，目的也是便于书写。我们平常说的"连笔字"，其实就是行书。行书没有一定之规，跟楷书接近的称为"行楷"，跟草书接近的称为"行草"。因为行书比较容易辨认，所以它成为一种实用字体，人们在日常书写中经常使用。

▲图11　王羲之《兰亭集序》摹本（局部）

第七章

与人体有关的甲骨文字

1. 与人的全体有关的字

（1）人

"人"的甲骨文字形就是一个侧立的人形，很简略，画出躯干，以及一条胳膊和腿，腿有些弯曲。

甲骨文和金文中"人"字的胳膊和腿区别明显，后来字形逐渐线条化，如小篆

胳膊和腿下端平齐，就不容易分别了。

隶书中的

已经跟后来楷书的一样了，完全看不出躯干、胳膊和腿的区别了。不过，"人"字作为形旁，在左边写作"亻"，即"单人旁"，还能体现出早期甲骨文字形中胳膊和腿的分别。"人（亻）"作形旁的字主要跟人的身份、品性或动作有关，如"伯""仲""伴""侣""仁""信""健""傲""俯""仰""依""住"等。

甲骨文中还有一个字"卩（jié）"，写作

表示人跪坐的姿势。早先古人的坐姿主要是席地跪坐，躯干挺直，臀部放在两脚之上。到了唐宋以后，古人才渐渐使用座椅。"卩"很少单独使用，但常作为部件出现，如在"鬼""见""即""邑"等字中，后面我们会讲到。

（2）鬼

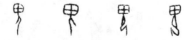

"鬼"是一个象形字，描绘了人们想象中的"鬼"的形象，这个形象的身体有直立和跪坐两种姿势，下部与"人""卩"字相同。"鬼"字突出刻画了头部，好像戴着某

种特殊的面具。

上古时期，鬼的意义与今天不同，那时的鬼主要指死去的先人。人们对鬼怀着敬畏的感情，经常祭祀他们，希望能得到启示和护佑。古代祭祀仪式中，有人扮演被祭祀的角色，"鬼"的字形来历大概跟这个角色戴着面具有关。

后来，鬼在人们心中的形象发生了改变，人们认为鬼常怀有私怨，会害人。小篆在下部添加了"厶"（sī）字，写作

《说文解字》："鬼阴气贼害，从'厶'。"这个字就渐渐演变为楷书的字形了。

（3）元

"元"的字形就是在"人"字的上方画上两横，指示人头。"元"字的本义就是人头。

金文中的"元"字有画出人头形状的

就更形象了。

《孟子·滕文公下》："勇士不忘丧其元。"意思就

是勇敢的人不怕丢掉脑袋。"元"的"人头"义在其作为构字部件中还有所体现，如"冠"字，表示用手（寸）把帽子（"冖"）戴在头（"元"）上。

"元"由人头义引申出"开始"义，成为其常用的基本意义，"元始""元旦""元年"中的"元"都是开始义。

（4）从（從）

"从"的字形就是两个"人"朝着同一方向，表示一个人跟随着另一个人。"从"字的本义就是跟随、跟从。如《论语·微子》："子路从而后。"意思是子路跟随孔子行路，但是渐渐落后，跟不上了。

"从"字在甲骨文、金文中字形逐渐繁化，添加了表示道路的"彳"旁，如

又添加了表示脚的"止"旁，如

突出了行走的意义，就变成繁体字的"從"了。

今天的简化字恢复了"从"字早期的构形。

（5）并

　　"并"的字形也是两个"人"并排，但在下面画上一横或两横，强调联合在一起，即合并的意思。《韩非子·有度》："荆庄王并国二十六，开地三千里。"说楚庄王武力强盛，兼并了二十六个小国，把领土扩大了三千里。

　　后来"并"又添加"亻"旁，常写作"併"。

　　需要注意，我们今天使用的简化字"并"对应古代的"并（併）"和"並"字，"並"与"并"不同，后面"立"字中会讲到。

（6）北

　　"北"的甲骨文字形是两个"人"背对着，本义就是相背。《战国策·齐策六》："士无反北之心。"这个"北"就是相背、背叛的意思。

　　因为北方是背阴的方向，古人建造房子往往面向阳光充足的南方，背对着的就是北方，所以"北"字引申表示北方。甲骨文中的"北"字就主要用来表示北方。

　　"北"由相背义又引申出人的后背的意义，人们给这个意义添加了"月（肉）"旁，新造出"背"字来，也用它来表示相背的意思了。

（7）大

"大"的甲骨文字形是一个正面站立、两臂张开的人形。"大"字在甲骨文中的意义跟今天一样，主要表示"大小"的"大"。

为什么用人形的字来表示大呢？

前人的意见并不一致。《说文解字》说："天大、地大、人亦大，故'大'象人形。"人们觉得这种解释有些牵强。也有人认为"大"是描画成年人的形象，因为成年，所以能表示大。还有人认为这是假借用法。

虽然"大"字单用主要表示大小的大，但是作为构字部件，主要还是象形，表示人形，如在后文的"夫""天""立"等字中。

（8）夫

"夫"的字形是在正面站立的人形头上加一横画，这一横画是插在头上的簪子。古人儿童时不束发，成年后把头发束起来，插上簪子，所以"夫"的本义是成年男子。

《礼记》中记载，男子成年时行冠礼，束好头发，戴上帽子；女子成年时则行"笄（jī）礼"，束好头发，插上发笄（一种簪子）。所以，人们也用"弱冠"一词表示男子成年，用"及笄"一词表示女子成年。

（9）天

"天"的字形是在正面站立的人形头顶上画一标记，或画一圈，或画一横、两横，表示人的头顶。"天"字的本义就是头顶。因为人的头顶上就是天空，所以"天"字又引申表示天空，成为它的基本义。

我们可以看到，"天"字跟前文的"元"字造字方法很像，都是在人形（"大"和"人"）上面标记，进而引申出不同的意义。相似的造字可以表示不同的意义，有不同的引申义，这也体现出汉字造字和用字的灵活性和多样性。

（10）立

"立"的甲骨文字形是在表人形的"大"字下面画一横线，表示人站立在地面上。"立"的本义就是站立。

"立"字在甲骨文、金文中都能明显看出人形，后来小篆

写作

"大"字的"两腿"已经分解。汉代隶书写作

则完全分解成不同的笔画，就看不出原来的象形成分了。

如果是两个人并排站立在地上，就是"並（竝）"字了，甲骨文写作

"並"字主要表示"并列"义，古书中也与"并"字混用，今天简化字都写作"并"。

（11）夹（夾）

"夹（夾）"字的字形中间是一个正面站立的人形，两边是两个侧面站立的人形，两人都朝向中间，表示两个人把一个人夹住。

"夹"字的本义就是夹持、扶持。

《左传·僖公二十六年》："昔周公、大公股肱周室，夹

辅成王。"说当初周公姬旦和姜太公一起扶持、辅佐周成王，保证了周王朝的稳定。今天我们还常用"夹"字的从两边夹住的意思，夹住东西的工具也被称为"夹子"。

（12）亦

"亦"的甲骨文字形是在正面站立的人形的两臂之下标记两点，表示腋下。"亦"的本义就是腋窝，后来常假借作副词，表示"也"的意思，成了它的基本义。

在甲骨文中，"亦"也假借作"夜"，表示夜晚，后来就在"亦"字的基础上添加"夕"旁，金文写作

小篆写作

这就是"夜"字了。而"亦"字最初的本义则在"夜"字上又添加与身体相关的"月（肉）"旁，用形声字"腋"来表示了。

（13）美

　　"美"的甲骨文字形是正面站立的人形的头顶上戴着装饰物，可能是羽毛或者其他饰品，表示美观。

　　因为头饰的形状跟"羊"字接近，后来上部就渐渐跟"羊"字混同了，如小篆字形

所以人们会把"美"字理解为"羊"和"大"两个字组成的会意字。

　　《说文解字》："美，甘也。从'羊'，从'大'。""甘"是味道好，即味美。人们常说"羊大为美"，羊肥大，羊肉就味美，这样就给"美"字赋予了新的解释。

　　（14）舞

　　"舞"的甲骨文字形是一个正面的人形，手持道具，表示人正在跳舞。后来，下面增加了表示两脚的"舛"形，如金文

小篆

这个字就逐渐演变为我们熟悉的"舞"字了。

　　舞蹈在人类早期社会生活中有着重要的作用，巫祝和祭祀仪式中往往会跳舞。甲骨卜辞中记载，在祭祀仪式中，商王还亲自跳舞。

　　周代礼制规定，不同等级的贵族组织舞蹈仪式有不同的规格。"孔子谓季氏：'八佾舞于庭，是可忍，孰不可忍也。'"（《论语·八佾》）

　　为什么孔子说"是可忍，孰不可忍"呢？

　　舞蹈中八个人为一行，称为"佾"。"八佾"就是八行，共六十四人，这是周天子乐舞的规格。季氏是鲁国的大夫，按礼制只能用四佾，他僭用了天子的规格，所以孔子说："这都可以忍受，还有什么不能忍受呢？"这也说明舞蹈仪式在当时是一件非常郑重的事情。

　　（15）文

　　"文"的字形是一个正面站立的人形，身体上画有花纹。"文"字的本义就是文身。

《左传》记载，早期沿海居民的装束是"断发文身"，是为了伪装自己，跟周围环境接近，不被猛兽或敌人发现，躲避危险。

因为文身的图案有装饰性，"文"引申出文饰、修饰的意义，成语"文过饰非"中的"文"就是文饰的意思。"文"又继而引申出文采、文章、文学、文字等意义，蔚为大观。

从甲骨文字形可以看到，人身上的花纹有不同的形状，有交叉形，有像心形的图案，也有省略花纹的。金文中人身上的花纹也形态各异，如

后来，省略花纹的字形反而成为常用的字形。

（16）夭

"夭"的甲骨文字形是一个人挥动着手臂跑步的样子。

"夭"的字形本义就是奔跑，这个意义在文献中没有使用。文献中的"夭"主要是夭折、灾祸的意思。"夭夭"连用则表示草木茂盛，如《诗经·桃夭》"桃之夭夭，灼灼其华"，是说桃树长得好，桃花（"华"就是"花"）开得鲜艳。

后来人们在"夭"字下面添加了表示脚的"止"，组成了"走"字，如金文

常用来表示奔跑。

"走"字在古代跟今天意思不一样。《释名·释姿容》："徐行曰步，疾步曰趋，疾趋曰走。"是说慢走称为"步"，快步小跑称为"趋"，快跑称为"走"。

人们还在"夭"字下面加上三个"止"，也表示快跑，如金文

这就是"奔"字了。

（17）女

"女"的甲骨文字形是一个侧面跪坐，两手相交在身前的女子形象。

"女"的甲骨文字形跟今天的楷书看起来相差甚远，从后世的楚简字形，如

和秦简字形，如

我们可以看出"女"字的字形变化，原本弯曲的腿部拉直并且缩短了，交叉的双臂更加突出，并且整个字由竖立变成了横向。所以"女"字发展到楷书，就完全看不出是象形字了。

（18）母

"母"的甲骨文字形就是在"女"字的胸前加上两点，表示哺乳。"母"的本义就是母亲。

跟"女"字的字形演变近似，如楚简

秦简

"母"字也是经历笔画变形并且横转的过程，最终"母"字的楷书字形也与早期甲骨文字形差别很大了。

（19）儿（兒）

"儿（兒）"的甲骨文字形是一个婴儿的形象，因为身体小，显得头大，而且头顶开口，表示囟（xìn）门还没有合拢。婴儿初生时，头颅骨前后有未闭合的间隙，称为"囟门"，随着生长发育渐渐闭合。

从甲骨文的"儿（兒）"字可以看出，古人很早就发现了婴儿囟门的这一生理特点。

（20）子

"子"在甲骨文中有两种字形。

前一种字形

比较复杂，有繁简多种写法，表现小儿大头的形状，突出了稀疏的头发，下面的身子则极简单。这个"子"字在甲骨卜辞里常假借用作干支纪日，表示地支的第一位。

后一种字形

是后来楷书"子"字的源头，也有大头，画出小的躯干和手臂。这个"子"字常用作构字部件，如在下面的"好"和"保"字中。在甲骨卜辞里，这个"子"字也常用作干支纪日，假借作地支的第六位"巳"。

（21）好

"好"字由"女"和"子"字组成。甲骨卜辞中"好"主要用作人名，"妇好"是商王武丁的妻子，她曾主持祭祀，还带兵打仗，是当时重要的人物。1976年在殷墟发现的妇好墓，里面有很多重要的文物。

从文献来看，"好"字的本义是容貌美好。《说文解字》："好，美也。"后来词义引申，指一切美好的事物或事情。

甲骨文里，"好"字的"女"和"子"的位置可以互换，这种情况一直持续到汉代，汉代隶书中还有

的写法。不过，"女"左"子"右的写法渐渐占据优势，最终成为唯一的写法。

（22）保

"保"的甲骨文字形由"人"和"子"组成，"人"背向"子"，表示人背着小孩，引申为保育、保养；又引申为保护。

我们常说的"襁褓"一词，"褓"就来自"保"字，表示包裹婴儿的小被子；"襁"字则表示背负婴儿时捆束固定用的带子。"堡垒""城堡"的"堡"字也来自"保"字，取其包裹、保护之义。

金文中的"保"常有

等字形，在"子"字下增加一饰笔，或许表示包裹或托举义；也有增加两笔的，如

就逐渐发展成后来的楷书字形了。

2. 与人体器官有关的汉字

（23）首

　　"首"字的甲骨文象形程度很高，就像一幅简笔画，画出一个脑袋的形状。"首"字的本义就是头，甲骨卜辞有"王疾首"，意思就是商王头痛。

　　我们可以看到"首"字的甲骨文字形异体很多，有的字看起来像人头；有的似乎更像鸟兽的头，但头上有头发；也有没有头发的，这是省略的写法。

　　甲骨文中还有

字，正是在"首"字下面加上跪坐的人形"卩"，一般认为这是"页（頁，xié）"字。"页"的本义也是人头，但后来不单用，多用作形旁，组成与头部有关的字，如"顶""额""颧""颈""项"等。

　　"题"字的本义是额头，引申指物体的上端，继而引申出标题、题目等意思。"领"字本义是脖子，后来引申出衣领、统领等意思。

　　甲骨文的"首"字基本看不出与楷书字形的联系，金文中"首"字写作

等，突出眼睛和头发，到了小篆

隶书

等，其字形就逐渐与我们熟悉的字形接近了。

（24）目

"目"的甲骨文字形很形象，就是一只眼睛的形状。"目"的本义就是眼睛。甲骨文中，"目"字是横着写的，跟现实中正常的眼睛姿态一致。

金文中出现了竖着写的

小篆则写作

此后固定为竖写，其字形就演变为我们熟悉的楷书字形了。

"目"常用作形旁，用"目"作形旁的字主要表示眼部器官或与眼睛有关的特征和动作，如"眼""眶""瞳""眸"

"盲""看""瞪""瞽""睁""眨""眯""睡"等。

（25）臣

甲骨文中的"目"字是横着写的，如果竖着写，就不是"目"字，而是另一个字"臣"了。"臣"的本义是俘获的奴隶，因为奴隶要服从，见到主人要低下头，所以在旁观者的视角看，奴隶的眼睛就变成竖着的了。人们就利用这一特征，造出了"臣"字。后来"臣"字意义引申，泛指一般的为王公服务的人，就成了"大臣""君臣"的"臣"了。

金文中"臣"字有写作

的，到小篆写作

跟"目"字的差别就明显了，所以即便后来"目"字竖着写，两个字也不会混淆了。

（26）见（見）

"见（見）"的甲骨文字形下面是侧面跪坐的人形（"卩"），上面突出眼睛，也就是"目"字，表示看见。"见"字本义就是看见。

甲骨文中还有另一种字形，"目"下面不是跪坐的人形，而是站立的人形，写作

这个字不是"见"字，而是"视"字。"视"原本是象形字，后来添加声符"示（礻）"，变成形声字。

在古代汉语中，"见"和"视"的意思不一样，"视"表示看的动作，但不表示结果，可能看到了也可能没看到；"见"则是看到，是达成了看的目的。所以成语"视而不见"，就表示虽然看了但是没有看到的意思，形容不关心、不重视。

（27）眉

"眉"的甲骨文字形就是在"目"的上面画上眉毛，本义

就是眉毛。后来，金文有

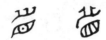

等形，小篆写作

上面的眉毛更加清晰，而且与下面的"目"脱离，成为单独的部件，逐渐演变为楷书的"眉"字。

（28）耳

"耳"的甲骨文字形就是耳朵的形状，象形程度很高。相比之下，商代和西周早期的金文字形更加整齐，如

或者更加复杂，如

其后，字形逐渐规整简化，如楚简

小篆

到了汉代隶书的

就与我们熟悉的字形接近了。

"耳"用作形旁，主要表示与听觉相关的动作或性质，如"聆""聋"等。"闻"字的本义是听见，唐代以后才有了用鼻子嗅的意思。

"聪"字的本义是听觉灵敏，成语"耳聪目明"意思就是听力和视力都很好，后来"聪明"合用，表示头脑灵活的意思。

（29）自

"自"的甲骨文字形是鼻子的形状，本义就是鼻子。在甲骨卜辞里，"自"有表示鼻子的用法，如"王疾自"，意思是商王的鼻子有了疾病。

同时，在甲骨卜辞中，"自"假借作介词表示"从，由"的用法也已经很多了，如"有出虹自北"，意思是有彩虹从北边出来。今天我们说"自从"这个词，里面"自"和"从"就是同样的意思。

　　后来，人们给"自"添加了声旁"畀"，造出"鼻"字，来专门表示它的本义。

　　（30）口

　　"口"的甲骨文字形很简单，就是一个张开的嘴的形状。"口"到小篆

依然是朝上开口，隶书中，从秦隶，如

到汉隶，如

口

渐渐不再表现朝上的开口，以直线的笔画取代了线条。

　　"口"是常用的形旁，用"口"作形旁的字一般跟口部器官或者口部动作有关，如"嘴""唇""喉""吃""喝""含""呼""吸""叫""唱""吹""问"等；一些拟声词也用"口"作形旁，如"嗨""哈""嘻"等。"口"作形

旁常常在一个字的左边或下面。

楷书中还有一个形旁"囗（wéi）"，跟"口"笔画一样，但是比"口"大，作形旁时包围其他部件，表示围绕、环绕的意思，如"围""困""圆""圈""国""园"等。

（31）曰

"曰"的甲骨文字形是在"口"字上方开口处画上一横，表示口中说出话来。

"曰"字的本义就是"说"，这也是"曰"字的常用义。我们读古书时经常会见到"曰"字，如《论语》里经常有"子曰"，表示"孔子说"。今天这种情况则不再用"曰"字，而是用"说"字了。

楷书中，"曰"跟"日"笔画一样，只是形体稍有不同，一个扁一些，一个长一些，比较容易混淆。

（32）甘

"甘"的甲骨文字形跟"曰"相似，也是在"口"字的基础上画上一横，但这一横不画在上方，而是画在口中，表示口中有美味的食物。

"甘"字的本义就是美味、甘甜，又引申表示情愿、甘愿的意思。

（33）听（聽）

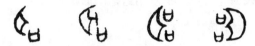

"听"的甲骨文字形以"口"和"耳"会意，表示用耳朵去听别人口中说出的话。有时写一个"口"，有时写两个"口"，是同样的意思。

"听"的字形演变相当复杂，从甲骨文到今天的简化字经历了两次更替。在甲骨文和早期金文中"听"都写作"口"和"耳"的会意字，后来去掉"口"，添加了声符"壬（tǐng）"和表示"得到"义的"惪（dé）"，写作"聽"，就是繁体的"听"字了，这其实就相当于重新造了一个字。

我们今天使用的简化字"听"在古代原本是另一个字，读作yǐn。

《说文解字》："听，笑貌。"司马相如《子虚赋》："无是公听然而笑。""无是公"是人名，"听然"就表示他笑的样子。这个表示笑的"听"字在古代用得很少，从元代开始，人们就把它作为"聽"字的简写，今天简化字就把它作为标准字形了。

（34）舌

"舌"的甲骨文字形就是在"口"的上方画出分叉的形状，表示舌头。这个分叉的形状看起来很像蛇的舌头，或许因为蛇的舌头最有特色，所以用这样的形状表示舌头。有的字还加上几个小点，表示口水。

没有口水的字形后代继续发展成小篆的

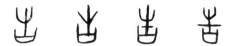

和隶书的

就与我们熟悉的字形接近了。

（35）告

"告"的甲骨文字形跟"舌"相似，也是舌头的形状，但是与"舌"的字形有所不同，上部分为三岔，所以"告"字跟"舌"有区别，专门表示告诉、告知的意思。

又因为"告"字上部的字形与"牛"相似，人们渐渐把上部写成"牛"形，如小篆的

和隶书的

就把"告"理解为"牛"和"口"的会意字。但是"牛"跟告诉的意思有什么关系，就难以理解了。

甲骨卜辞中的"告"常表示一种祭祀，即"告祭"。当时如果发生了比较重大的事情，如战争、灾害、商王疾病之类，人们会举行告祭，将事情报告给祖先神明，祈求护佑。

（36）言（音）

甲骨文中"言"跟"音"是一个字，字形就是在"舌"字上画上一横，造字方法跟"曰"字一样，"曰"用"口"表示说话，"言（音）"则用"舌"表示说话和发出声音，殊途同归。

"言"跟"曰"意义有相同，也有不同。"曰"只表示说话，用法单一；"言"不光能表示说话，还能表示说出来的或写出来的话，如"言论""誓言"。

古代，"言"还指称文字，人们说"《老子》五千言"，就是说《老子》这部著作有五千个字；古诗常见的格式有"四言""五言""七言"，就是说每句诗有四个字、五个字、七个字。

后来"音"字从"言"字中分化，在"言"下面的口中加上一横，如小篆的"言""音"分别写作

两个字就区别开了。隶书中，两个字字形差别进一步变大，就看不出来最初的关系了。

"言"作形旁写在字的左边时简化作"讠"，用"言（讠）"作形旁的字主要跟言语或写作有关，如"说""话""语""诉""誓""诺""读""讲""谈""论""译""记""诗""词"等。

言语有真实的和虚假的，真实的是"诚"，虚假的则是"诈""谎"。

更进一步，"言（讠）"作形旁也组成一些跟思考和判断有关的字，如"计""谋""诊""认""识"等。

（37）齿（齒）

甲骨文的"齿"是个象形字，就是画出"口"中门牙的形状，牙齿画得比较随意，有时繁写有时简写。后来，人们在象形字上添加了声符"止"，标示字音，小篆写作

就逐渐演变为繁体的"齿"字了。

　　古人发现，可以通过观察牙齿计算牛和马的年龄，后来"齿"字就有了年龄的意思。人们还以"齿"作为形旁，专门造了一个形声字"龄"表示年龄。

　　（38）心

　　甲骨文的"心"字很形象，就是心脏的形状。金文中"心"的字形有所不同，如

从小篆的

到秦代隶书的

再到西汉隶书的

我们就能看出它跟楷书的"心"逐渐接近的过程。

"心"字用作形旁，在字的左边时写作"忄"，用"心（忄）"作形旁的字主要表示人的思想和心理活动，如"思""想""恋""念""忘""感""愁""恨""悔""恐""惧"等；也表示人的心智品性，如"志""性""忠""慈""愚""懦""恶""怠"等。

"快"和"慢"原本都表示心理活动，"快"的本义是愉快、高兴，魏晋以后才有了快速的意思；"慢"的本义是怠慢、傲慢，后来引申出迟缓的意思。

（39）左

"左"的甲骨文字是左手的形状，本义就是左手。引申表示方位，即左边。金文在其下部加上"工"形，写作

等，就接近我们熟悉的"左"字了。"左"还引申出辅佐的意思，后来又加"亻"旁，写作"佐"。

甲骨文中没有见到"手"字，金文里"手"是个象形字，如

等，画出手有五指的形状。

（40）又（右、有）

"又"的甲骨文字形跟"左"相对，是右手的形状。"又"字的本义就是右手。"又"在甲骨卜辞里很常用，有多个意思：可以表示方位，即右边；也可以表示"保佑、护佑"义；还可以假借表示"有"。

后来，金文中，表示右边的"又"字添加了"口"形，写作

因为"口"和"工"足够区别"右"和"左"，所以上面手形的方向变得不再重要。发展到楷书，"右"和"左"上面交叉的两笔变成了同样的"𠂇"形。后来，人们又在"右"字的基础添加"亻"旁，造出"佑"字，专门表示保佑、护佑的意思。

金文给表示"有"的"又"字添加了"月（肉）"旁，写作

即"有"字，也跟"又""右"区别开了。

"右""佑""有"都有了新字形，而最初的"又"字则专门假借用作表示重复的副词，就是我们熟悉的"又"字了。

就这样，甲骨文中一个"又"字通过添加不同的部件、造出不同的字分化出各种意义。一个字变成了几个字，人们在使用中就可以更加明确地区分，不会产生误解。

（41）友

"友"的甲骨文字形就是两只手，两人携手，表示友好。"友"的本义就是朋友。古人还曾区分"朋"字和"友"字，东汉郑玄注释《论语》中说："同门曰朋，同志曰友。"意思是同一个师门下的学生叫"朋"，志同道合的人叫"友"。

"友"的小篆写作

上部跟右

一样，后来，其上部也经历了跟"右"一样的演变，就变成楷
书的"友"了。

（42）及

"及"的甲骨文字形由"又"和"人"组成，一只手抵
着一个人，表示抓住了前面的人，就是追上、赶上的意思。
"及"的本义就是追及，引申为达到。我们今天说考试"及
格"，就是达到合格标准的意思。

"及"的小篆写作

"人"字变形，躯干和腿部缩短居于上方，后来与"又"
字相连，到隶书

就不容易看出"人"形了。

（43）取

"取"的甲骨文字形由"又"和"耳"组成，表示手上拿

着耳朵。古时人们在作战中杀死敌人，会割下其左耳，作为记功的证据。人们猎获野兽，有时也割取左耳。

《周礼·夏官·大司马》："大兽公之，小禽私之，获者取左耳。"是说猎获野兽后，大的要交给公家，小的自己留着，猎获野兽的人割下野兽的左耳，也是作为记功的证据。所以"取"字的本义就是获取、取得的意思，如果不知道早期割耳记功的体制，就很难理解"取"字为什么跟耳朵有关系。

（44）止

"止"的甲骨文字形就是脚的形状。"止"字的本义就是脚，又假借表示停止、制止的意思，成为它的基本义。后来人们给"止"字添加了"足"旁，写作"趾"，来表示它的本义。

《诗经·豳风·七月》："三之日于耜，四之日举趾。"意思是三之日（即农历正月）修理农具，四之日（即农历二月）下地劳作。"举趾"就是抬脚，表示行动的意思。"趾"又专门表示脚趾头，后来成了它的基本义。

甲骨文之后，"止"的字形逐渐规整，到金文的

就与我们熟悉的字形接近了。

（45）步

"步"的甲骨文字形就是两只脚（"止"），表示迈步走路的意思。小篆把它下面的"止"字左右反写，写作

就逐渐演变为后来的楷书字形了。

"步"由走路义引申为表示长度的量词，即"一步""两步"的"步"。不过，古代的"一步"跟今天的"一步"不同，古代的"一步"指两脚各向前迈一次，相当于今天的两步。《荀子·劝学》："不积跬步，无以至千里。"里面"跬"和"步"意思不一样："跬"相当于今天的一步，"步"则相当于今天的两步。

（46）企

"企"的甲骨文字形是"人"下面一个"止"，突出了人的脚。"企"的本义就是踮起脚来。人们之所以用"企"字给企鹅命名，大概就是因为企鹅总是踮着脚。踮起脚来会高一些，所以"高企"表示升高；"企及"表示踮起脚来才能够得

着，比喻经过努力才能达到。人常常踮起脚往远处看，所以
"企"有盼望的意思，如"企盼""企求"。

（47）先

"先"的甲骨文字形与"企"相反，"止"在"人"的上
面，表示走在别人前面。"先"的本义就是在前面的，引申表
示时间上在前面的，就是先前、起先的意思了。

甲骨文也常在"止"和"人"中间画一横，"止"下加一
横就成了"之"字（见"之"字）。后来，上面是"之"的字
形流传下来。"先"的小篆写作

上面就是"之"字，隶书的"先"写作

就逐渐与我们熟悉的字形接近了。

（48）之

"之"的甲骨文字形就是在"止"下面画一横线，表示起

点，脚离开了起点，就往前走了，所以"之"字的本义就是去往。《诗经·鄘风·载驰》："百尔所思，不如我所之。"意思是你们思考百次，不如我自己去一趟。

"之"在甲骨文中就有了代词用法，表示"这"，如卜辞"之日夕雨"，就是这天晚上下雨的意思。《庄子·逍遥游》："之二虫又何知？"意思就是这两只小虫又知道什么呢？

后来"之"又有了助词用法，相当于"的"，成了古代汉语中最常用的字之一，一直延续到今天，如今书面语中仍经常使用"之"字。

"之"的甲骨文字形跟今天楷书字形相差很远。从金文的

到小篆的

再到隶书的

我们可以看到它逐渐演变的过程。

（49）出

"出"的甲骨文字形跟"之"相似，但下面不是一横而是一个"凵"形或"口"形，表示地面凹陷的坑穴（有人认为它是早期人们居住的洞穴），"止"朝上，也就是朝向外面，表示从坑穴里出来。"出"字的本义就是从里面出来，到达外面，又引申为出现、发出等意义。后来，下部写作"凵"的字形流传了下来，隶书

把上面的"止"简化成"屮"形，就接近我们熟悉的字形了。

（50）各

"各"的甲骨文字形跟"出"完全相对，"止"字朝下，也就是朝向坑穴里面，表示从外面进入里面。

"各"字的本义是到达、到来。甲骨卜辞里有"大水不各"，意思就是"大水不会来吧"。金文《师艅簋》："王各大室。"意思是"王到达了大室（太庙中央之室）"。

后来，"各"假借作副词，表示各个、各自的意思，这成

为它常用的基本义。

"各"字的字形演变与"出"不同，下部写作"口"的字形流传了下来，到金文的

就跟我们熟悉的字形接近了。

（51）正

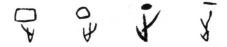

"正"的甲骨文字形是在"止"字上面画一个圈，表示目的地。圈也写作圆点或一横，后来，上面写作一横的字形就逐渐演变为楷书的"正"字。

脚正对着目的地，所以"正"表示正对着、没有偏离的意思，又引申为正直、正确等义。

脚朝向目的地，所以"正"也表示去往某处的意思，后来又加上表行路义的"彳"旁，写作"征"。"征"的本义就是出行，如《诗经·召南·小星》："肃肃宵征，夙夜在公。""肃肃"形容迅速赶路的样子，"宵征"就是在夜间出行。如果是为了特殊的利益去往某处，就是征讨、征伐了。

第八章
与动植物有关的甲骨文字

1.与植物有关的甲骨文字

（1）屮

"屮（chè）"的甲骨文字形是小草的形状，本义就是"草"。"屮"在甲骨文里单独出现得不多，但常作为构字部件出现，也都表示草的意思，如用在"生""莫"等字中。后来人们用两个"屮"的"艸"字来表示"草"。

"艸"简写作"艹"，常用作形旁，表示跟植物有关的字，如"花""苞""苗""茎""菜""茶""荷""菊""蔓""茂""芬""芳"等。

"蓝"字的本义一种草，今天叫靛草，古人常用作颜料，后来就专门用"蓝"字来表示这种颜色。"苦"字的本义也是一种植物，今天叫苦菜，因为味道苦，所以人们专用"苦"字来表示这种味道。今天我们常用的"草"字原本也表示一种植物，《说文解字》："草，草斗，栎实也。"草斗是栎树的果实。后来，人们假借"草"字来表示草木的草，它的本义就不用了。

（2）生

"生"的甲骨文字形用下面的一横表示地面，草（"屮"）在地面上长出，所以"生"字的本义就是植物生长，又引申指人和动物的生育、生存等。

大概为了跟后来的"之（屮）"字相区别，"生"的金文字形中间增添了一个圆点，如

圆点常变形为一横，如

就渐渐演变为我们熟悉的字形了。

（3）木

　　"木"的甲骨文字形上部跟"屮"相似，下部画出植物的根部。"木"字的本义就是树木。木本植物比草本植物高大强壮，根部也更加发达，所以甲骨文突出根部，作为"木"字的特征。

　　"木"字小篆写作

上下对称。"木"字的隶书字形由

到

上部逐渐变为一横，就是我们熟悉的字形了。

　　"木"也是汉字中一个常用的形旁，用"木"作形旁的字一般与树木有关，如"枝""根""果""桃""李""枯""杇"等；或者与木材制成的器物有关，如"杠""棒""板""柴""梁""梯"等。

"本"的小篆字形写作

是在"木"的下端画一横作标记，表示树根，引申为根本的
意思。

"末"的小篆字形写作

是在"木"的顶端画一横作为标记，表示树梢，引申为末端的
意思。

（4）林

"林"的甲骨文字形就是两个"木"，本义就是树林。
"林"字本身就包含了多的意思，古人还用"林林"表示众
多。柳宗元《贞符》："惟人之初，总总而生，林林而群。"
这就是成语"林林总总"的出处（"总总"跟"林林"一样是
众多的意思）。

（5）森

甲骨文中还有三个"木"组成的字，就是"森"字了。比起"林"来，"森"不光树更多，而且更高。今天我们则使用"森林"一词，表示那种广袤的、原始状态的大片林地。树木高耸茂密的森林，会遮蔽光线，给人压迫感，让人感到威严和恐惧，今天我们常用的词"阴森"和"森严"，就表示这样的意思。

（6）叶（枼、葉）

甲骨文的"叶"字是个象形字，在"木"的枝梢画出叶片的形状，本义就是树叶。后来金文将其改为形声字，上面叶片的形状变为"世"字，表示字音，写作

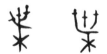

即"枼"字，再后来又添加"艹"旁，写作"葉"，就是繁体的"叶"字了。

今天我们使用的简化字"叶"在古代是另一个字，读作xié，表示声音和谐。以前，苏浙一带民间流行用"叶"作为"葉"字的简写，简化字方案则把"叶"定为标准字形。

跟"叶"相似的造字还有"果"字，甲骨文中没见到

"果"字，金文是在"木"上画出果实的形状，如

"果"的本义就是果实。后来上面的果实形状简化为"田"形，如小篆的

就是我们熟悉的字形了。

（7）采

"采"的甲骨文字形上面是手形，下面有两种字形，一种是"叶"字，一种是"木"字。"采"字的本义就是采摘。古人很早就掌握了养蚕的技术，采摘桑叶是一种重要的生产活动；当然采摘活动也不都是采摘树叶，也采摘果实。所以不管下面是"叶"还是"木"，都能表示在树上采摘。

后来，下面是"木"的简单写法流传下来。其字形从金文的

到小篆的

再到隶书的

就演变为我们熟悉的"采"字了。

（8）束

　　"束"的甲骨文字形比较多样，都表示在"木"上捆上绳子，有捆一圈的，也有捆两圈、三圈的。后来捆一圈的简单字形流传了下来。

　　"束"的本义就是捆扎、捆绑。古人常说"束帛"，是捆起来的丝帛，专用作馈赠的礼物。"束脩"则是捆起来的干肉，最初也是一种常见的礼物，因为《论语》中孔子说过"自行束脩以上，吾未尝无诲也"，意思是"给我束脩作为礼物的人，我没有不给予他教诲的"，所以后人就将束脩定为弟子拜师专门的见面礼了。

（9）休

"休"字的甲骨文字形由"木"和"人"组成，表示人在树下休息。"休"字的本义就是休息。《诗经·周南·汉广》："南有乔木，不可休思。"意思是南边有棵大树（本来应该在大树下休息），但是我不能休息。休息就是停止行动，所以"休"字又引申出停止的意思。

（10）相

"相"的甲骨文字形由"木"和"目"组成，它是个会意字，表示用眼睛审视树木。

"相"字的本义就是审视、观察。《史记·周本纪》："（弃）及为成人，遂好耕农。相地之宜，宜谷者稼穑焉。"说周朝的始祖弃成年以后，乐于从事农业工作，他观察土地的情况，选出适合种植谷物的土地，并在上面耕种。

古时有种算命方法就是观察人的面貌、形体，称为"相面""相人"，所以人的长相也称为"相"，今天给人拍照也称为"照相"，"照片"也称为"相片"。"相"又引申出辅助、辅佐的意思，古代辅佐君主、地位极高的大臣称为"相国""丞相"或"宰相"。

（11）竹

"竹"的甲骨文字形是两组竹叶相连的形状。后来两组竹叶分开，如小篆的

隶书的

就逐渐演变为我们熟悉的"竹"字。

"竹"作形旁在字的上部写作"⺮"，用"⺮"作形旁的字往往跟竹子或竹制品有关，如"笋""竿""筒""箱""笼""篮""筐""笔""简""箸""笛""箫""箭"等。

"篇"的本义跟竹简有关，早期文字写在竹简上，人们先在一根根竹简上写字，然后把写好字的竹简按顺序编连在一起，这样编好的完整文章就称为"篇"。

"节"的本义是竹节，竹子每隔一段就有一个"节"，所以"节"字引申表示一段时间的节点，就是"时节""节令"

了，"二十四节气"就是一年中二十四个时间节点。在某些时间节点人们庆祝纪念，就是"节日"了。

"竹"的一半就是"个"字，"个"字很早就用作量词了，如《史记·货殖列传》："竹竿万个。"不过，古代正式场合一般用繁体的"個"或"箇"。唐宋以后，民间使用"个"的情况很多，今天的简化字则以"个"为标准字形。

（12）禾

"禾"的甲骨文字形是禾谷的形状，下面是根和叶，跟"木"近似，上面长长垂下的是谷穗，有的字还画出了谷粒的形状。

"禾"字的本义是谷子，是中国北方最早种植的农作物之一，收获的果实脱壳后称为"小米"。在甲骨卜辞中，"禾"也作为农作物的统称。

"禾"常用作形旁，组成跟农作物或农业生产有关的字，如"秸""秆""穗""种""稻""黍""租""税"等。

"积"的本义是积聚储存谷物，引申为积攒、累积的意思。"秒"的本义是禾芒，因为禾芒尖细，所以引申表示细微的意思，又表示微小的计量单位，即"分秒"的"秒"。人们还用农作物种植的距离形容物体的疏密程度，"稀"表示稀疏，"稠"表示稠密。

（13）年

　　"年"的甲骨文字形是"禾"在"人"上，表示人背负着禾，即有收获。

　　"年"字的本义就是庄稼丰收。甲骨卜辞里常有"受年"，就是"得到丰收"的意思。早期的农业生产不发达，禾谷一般一年成熟一次，所以就用"年"字来表示时间上的一年。

　　后来，人们给下面的"人"字加上一横，变成"千"字，小篆写作

"年"也被理解为形声字，《说文解字》："年，禾谷熟也。从'人'，'千'声。"隶书合并笔画，"年"字被简化为

丰　年

等，就完全看不出最初的"禾"和"人"字了。

（14）秉

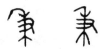

　　"秉"的甲骨文字形由"禾"和"又（表示手）"组成，是手上拿着禾秆的意思。

　　"秉"的本义就是握持、秉持。金文"秉"字的"又"跟"禾"交叉，如

就更像是握着禾秆了。

　　后来，人们在"秉"的基础上又加上一个"禾"，如小篆写作

就是"兼"字了。一只手握住两根禾秆，所以"兼"字表示同时拥有两个或多个。

　　（15）来（來）

　　"来（來）"的甲骨文字形是麦子的形状，本义就是麦

子。麦子也是中国最主要的粮食作物之一，果实脱壳后一般磨成面粉。《诗经·周颂·思文》"贻我来牟"，意思就是"馈赠给我麦子"。（"牟"又写作"麰"，也是麦子的意思。还有一种看法，认为"来"和"牟（麰）指不同的麦子，"来"指小麦，"牟（麰）"指大麦。）

"来"在甲骨卜辞中就常常假借表示"到来"的意思了，如卜辞中常说的"往来无祸"，这也成为"来"字从古至今的基本义。

"来"的甲骨文字形主要有两种：一种只有根和叶；另一种顶上多一笔，表示麦穗。有麦穗的字形流传下来，上面一笔变成横画，如金文的

就接近繁体的"來"字了。

（16）麦（麥）

"麦"的甲骨文字形是"来"下面连着"夊"形。这个"夊"形，有人认为是倒写的"止"字，表示降临、到来的意思。因为商朝人认为麦子是上天馈赠的礼物，是从天上降临下来的。也有人认为它只是跟"夊"同形，其实同样是麦子根部

的象形。

甲骨文的"麦"字跟"来"字有区别，或许指的是不同种类的麦子。不过，在"来"字专门表示到来的意义后，"麦"字就表示所有的麦子了。

（17）米

$$\text{米}\quad\text{米}\quad\text{米}$$

"米"的甲骨文字形是米粒的形状，中间一横表示给稻谷脱壳的工具。稻子脱壳后成为大米，谷子脱壳后成为小米，它们都是中国古代百姓最主要的粮食。其他作物脱壳后有粒状果实的也称为"米"，如"高粱米""花生米"等。

"米"的甲骨文字形就有中间两点连成一线的写法，这种写法较方便，延续下来，就演变成我们熟悉的"米"字了。

"米"常用作形旁，组成与粮食作物有关的字，包括粮食作物的名称和制成食物的名称等，如"粮""粟""粱""糠""粒""粥""粽""糕""糖"等。

"精"的本义是好米，是经过挑选的纯净的米，引申表示事物的精华，以及精细的、精密的。"粗"的本义则是糙米，引申表示粗糙的，跟"精"相反。"糟粕"的本义是用米制酒后剩下来的渣滓，所以就用它来形容被淘汰的无用的东西。

2. 与动物有关的甲骨文字

（18）羊

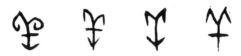

"羊"的甲骨文字形是羊头的形状，突出表现羊角的特点，脸部则繁简不一。经过从金文

到小篆

再到隶书

的演变，"羊"字逐渐演变为我们熟悉的字形。大概因为人们喜爱羊，所以用"羊"字来表示吉祥、美好的意思，这个意义后来添加"示（礻）"旁，写作"祥"。

"羊"作形旁组成跟"羊"有关的字，如"羔""羚""羹"等。羊总是成群地生活在一起，所以"群"字用"羊"作形旁，表示群体。

（19）羞

　　"羞"的甲骨文字形由"羊"和"又"（表示手）组成，手抓着羊，表示把羊献给对方。"羞"字的本义就是献给、进献。《左传·隐公三年》："可荐于鬼神，可羞于王公。""荐"和"羞"都是进献的意思。

　　"羞"由进献的意思引申表示美味的食物，后来添加"食（饣）"旁，写作"馐"，我们常说"珍馐佳肴"，"馐"和"肴"都是美食的意思。今天"羞"主要表示羞耻、羞愧的意思，这是它的假借义，跟字形本义无关。

　　"羞"字的手形原本是"又"字，后来小篆的

和隶书的

羞

把"又"字改写成"丑"字，就演变为我们熟悉的字形了。

（20）牛

跟"羊"字的表现方法相似，"牛"的甲骨文字形也是牛头的形状，也突出牛角的特点。牛角的形状与羊角不同，这也是"牛"字跟"羊"字的主要区别。"牛"的字形简单，后来变化也不大，从小篆的

到隶书的

牛　牛

就逐渐演变为我们熟悉的楷书字形。

"牛"作形旁组成跟牛有关的字，如"犊""犀""牦""牵"等。古人祭祀用牛，所以以用"牛"作形旁的字也常跟祭祀有关，如"牺"和"牲"，"牺"的本义是祭祀用的纯色公牛，"牲"的本义则是祭祀用的全牛。"特"的本义也是公牛，祭祀中使用单独一头牲畜也称为"特"，所以"特"引申出独特、特别的意思。

（21）牢

"牢"的甲骨文字形是把"牛"或"羊"围起来，本义就是关牲畜的圈舍。"牢"在甲骨卜辞中主要作为祭祀用语，表示圈养的专门用来祭祀的牛或羊。相对来讲，用牛祭祀规格高，又称为"太牢（大牢）"；用羊祭祀规格低，又称为"少牢（小牢）"。后代文献记载的祭祀规格有所不同，"太牢"指牛、羊、豕三牲齐全的祭祀，"少牢"则是只有羊和豕的祭祀。

"牢"又由关牲畜的圈舍引申表示关犯人的监狱，即"监牢""牢狱"，这成为它常用的基本意义。

（22）牧

"攴（ㄅ，pū）"是甲骨文中一个常见的偏旁，表示一只手（"又"）拿着一根鞭子或棍子。"攴"字用作形旁也常写作"攵"，就是"反文旁"，用"攴（攵）"作偏旁的字主要跟手的动作或人的行为有关，如"敲""攻""收""放""数""救""改""败"等。

"牧"的甲骨文字形就是由"攴"跟"牛"或"羊"组

成，表示牧牛或牧羊。有时还加上"止"旁和"彳"旁，表现行走的特征。后来，由"牛"和"攴"组成的简单字形流传下来。

（23）马（馬）

"马（馬）"的甲骨文字形很复杂，也很形象，是一匹马侧面全身的形状，突出马头、马鬃和马尾。后来，其字形的象形程度减弱，依然保留马头、马鬃和马尾的主要特征，如金文的

小篆的

隶书的

马 馬

其字形逐渐规整化，最终演变为楷书的"馬"字。今天的简化

字"马"则是根据"馬"的草书字形

楷化得来的。

　　"马"在甲骨卜辞中还用作职官名，是为商王管理马匹、配合征战和田猎的官员。

　　用"马"作形旁的字一般跟马或同类动物有关，如"驹""骏""骐""骥""驴""骤""骆""驼"等。"驳"的本义是马的颜色不纯，"斑驳"一词就是颜色混杂的意思。"骤"的本义是马奔跑，引申表示急速、猛烈的意思。古人常骑马或用马拉车负重，所以用"马"作形旁的字也常跟这些行为有关，如"骑""驱""驰""骋""驾""驶"等。

　　（24）犬

　　"犬"的甲骨文字形是一条狗侧面全身的形状，繁写的字画出腹部，简写的则不画出腹部。

　　"犬"的字形最突出的特点是尾部，长且向上卷曲。"犬"是早期人们对狗的称呼，而"狗"字也很早就出现了，"狗"字最初是小犬的意思，后来也表示所有的犬，就跟"犬"字同义了。

"犬"跟"马"一样，在甲骨卜辞中也用作职官名，大概表示为商王管理猎犬、配合田猎的职官。

　　"犬"的小篆字形

和隶书字形

把原来的前腿变形为一横，后腿和尾巴并立，逐渐演变为我们熟悉的"犬"字。

　　"犬"作偏旁在左边时写作"犭"，更多地保留了最初的字形特征。有趣的是，用"犭"作形旁的字不光与犬科动物有关，如"狗""狐""狼""狈"等；还与其他兽类有关，如"猿""猴""猫""狮""獭""猪"等，也就是说，"犭"旁可以代表一般的兽类动物。犬是人类很早驯化的动物，人们打猎经常带着猎犬，所以"狩""猎"也都是以"犭"作形旁的。

　　（25）臭

"臭"的甲骨文字形由"犬"和"自"组成，是个会意字。

"自"是鼻子的象形字，因为狗的鼻子比较灵敏，所以用"臭"字表示用鼻子闻，又引申表示气味。《周易·系辞上》："同心之言，其臭如兰。"意思是情投意合的话语，气味就像兰花一样芳香。后来"臭"字词义发生变化，专门表示难闻的气味，就是我们熟悉的"臭味"了；而它的本义则又加上"口"旁，用"嗅"字来表示了。

（26）豕

"豕"的甲骨文字形是一头猪侧面全身的形状，跟"犬"字非常像，不同的是，"豕"字大多画出肥厚的肚子；更重要区别则在于尾部，"豕"的尾部短而下垂。虽然在甲骨文中"豕"与"犬"字形很相近，但在后来的演变中两字的区别越来越大，大概是人们为了区别这两个字有意为之。"豕"的金文

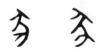

突出了其头部，到了小篆

隶书

就与我们熟悉的字形接近了。

"豕"的本义就是猪,是早期人们对猪的称呼。人类很早就狩猎野猪,并驯化野猪成为家猪。"猪"字在汉代就出现了,是个形声字,最初写作"豬",是用"豕"为形旁的,后来也用"犭"作形旁。今天用"犭"作形旁的"猪"成了标准字形。

(27)逐

"逐"的甲骨文字形由"止"和"豕"组成,是个会意字。"止"表示脚,所以"逐"的字形表示人在追逐野猪。"逐"字的本义就是追逐。后来,金文又添加了表示行路义的"彳"旁,写作

"彳"和"止"经常出现在一个字中,共同表示跟行走有关的动作。渐渐地,"彳"和"止"就合并成一个偏旁"辵",读作chuò。后来,"辵"又简化为"辶",就是我们熟悉的"走之旁"了。

(28)象

"象"的甲骨文字形是一头大象的侧面的形状,突出了大象的长鼻子。后来,"象"字下部的身体逐渐与"豕"同形,上部则保留了头和鼻子的特点,如金文的

小篆的

隶书的

其字形逐渐演变为我们熟悉的楷书字形。

上古时候跟今天气候不同,那时中原地区温暖湿润,是

有大象生活的，所以那时人们对大象还很熟悉，甲骨卜辞里就有猎获大象的记载。后来气候环境变化，中原地区的大象就消失了。

"象"字还常假借表示形象、景象，又专门表示人的形象，就添加了"亻"旁，写作"像"，就是"肖像"的"像"了。

（29）为（爲）

"为"的甲骨文字形由"又"和"象"组成，表示人用手牵着大象劳作，引申出做事、作为的意思。据说上古时期，在用牛、马帮助耕田之前，人们也有过一段用大象帮助耕田的历史，传说中舜帝就曾牵着大象在历山下耕种。

"为"的金文字形不用"又"表示手，而是用"爪"，写作

后来下部"象"形的演变轨迹又跟"象"字不同，头和鼻子还跟"象"字近似，但躯干四肢则跟"马"字近似，经过小篆

隶书

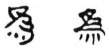

逐渐演变为繁体的"爲"字。今天我们使用的简体字"为"，是根据"爲"的草书字形

楷化得来的。

（30）虎

"虎"的甲骨文字形是一只老虎侧面的形状，有繁简不同的写法，象形程度很高。可以看出，"虎"字的特点是头部很大，有的好像戴了王冠，且张开大口，很凶猛。后来，"虎"的字形简化，保留了头部和大口的特征，如金文

小篆

其字形逐渐演变为我们熟悉的"虎"字。

老虎是百兽之王，也是人们非常恐惧的一种动物。早期人们捕猎，如果猎到老虎，是一件很重要的事。人们曾在甲骨文物中发现一片虎骨，刻在虎骨上的文字记载了商纣王去鸡麓山捕猎，猎获大猛虎的事情。

（31）鹿

"鹿"的甲骨文字形是一头鹿侧面的形状，突出了头上大而分叉的鹿角，很形象。"鹿"的小篆字形

还保留着鹿角的形状，下方的鹿腿变为"比"形，隶书继续合并笔画，鹿角不再明显，如

逐渐演变为楷书的"鹿"字。

　　鹿是古时常见的动物，也是人们主要的狩猎对象，人们也用鹿指代权位。《史记·淮阴侯列传》："秦失其鹿，天下共逐之。"后来人们就用"逐鹿"一词表示豪强争夺统治权。人们想象中的祥瑞神兽"麒麟"跟鹿很像，所以"麒""麟"两个字都用"鹿"作形旁。

　　（32）角

　　"角"的甲骨文字形就是动物头上尖角的形状，并画出角上的纹理，很形象。后来经过金文

小篆

的演变，其字形逐渐规整，也逐渐接近我们熟悉的楷书字形了。

　　古人对动物的角很熟悉，所以"角"字常用来比喻：形状像角的东西被称为角，比如"豆角"；像尖角一样的边缘也被称为"角"，比如"墙角"。角是动物争斗的武器，所以"角"字也用来表示争斗、较量，表示这个意思时读jué，如"角斗""角逐""角力"等。

（33）肉

"肉"的甲骨文字形就是切好的一大块肉的形状，这个形状与"月（ ）"相近，但可以区分。到了小篆，

肉（ ）

跟

月（ ）

就难以区分了。所以后来隶书把"肉"字里面的两条直线改为两组交叉的"人"形，如

大概表示肉的纹理，于是，"肉"字跟"月"字的区别就又明显了。

虽然独体的"肉"字跟"月"字区别变得明显，但作为形旁使用，"肉"依然写作"月"形，用"肉（月）"

作形旁的字多与人或动物的身体器官有关，如"肌"
"肤""骨""肩""臂""肘""腰""腿""脚"
"胸""肝""肺""胃""肠"等；或者与肉类食物有关，
如"肴""脍""胙"等。

（34）多

"多"的甲骨文字形就是两块肉，用肉多的形象表示数量
大的意思。"多"字从古到今的基本义没有变化。

许慎没有看到过甲骨文，他根据"多"的小篆字形

把它分析为两个"夕"字，《说文解字》："多，重也。从
重'夕'。夕者，相绎也，故为多。""相绎"就是相连、
连续不断的意思。许慎认为，因为每天都有夜晚，夜晚连续不
断，所以用两个"夕"字表示"多"。甲骨文被发现后，王国
维根据甲骨文字形，考证"多"字是由两个"肉"字组成。
由此可见，甲骨文可以让人们对汉字的字形来历有更准确的
认识。

古时"多"字还可以用作动词，表示赞扬、看重。《史
记·管晏列传》："天下不多管仲之贤而多鲍叔之能知人

也。"说比起管仲的贤能，天下人更看重鲍叔牙知人善任、举荐管仲的事迹。

（35）鸟（鳥）

"鸟"的甲骨文字形是一只鸟侧面的形状，象形程度很高，且字形多样，突出鸟的头、嘴、翅膀和爪子。金文的

和小篆的

象形程度依然很高，但字形逐渐固定，到了隶书

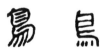

其字形就接近繁体的"鳥"字了。

用"鸟"作形旁的字主要表示各种鸟类动物的名称，如"鹊""鸠""鸦""鸽""鸥""鹭""鹰""鹤""鸡""鸭""鹅"等。

（36）鸡（鷄、雞）

　　"鸡"的甲骨文字形主要有两种。一种是象形字，就是画出鸡的形象，特点是头顶上有鸡冠。一种是形声字，就是在象形字的基础上添加声符"奚"。有了声符"奚"之后，人们就能很容易地认出"鸡"字，而不必像辨认象形字一样看它是否有鸡冠，所以象形部件的区别性质就不再重要，后来人们就用"鸟"（或"隹"）代替，就成了繁体的"鷄（雞）"字了。简化字"鸡"则是把复杂的声旁"奚"换成简单的"又"，虽然笔画大大减少了，但是"又"不能表音，只是单纯的记号。

（37）鸣（鳴）

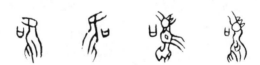

　　"鸣"的甲骨文字形有两种，一种是用"鸟"字和"口"字会意，表示鸟叫；另一种则是用"鸡"（头上有冠）和"口"字会意。公鸡打鸣非常响亮，对古人的生活也有着重要意义，《说文解字》对"鸡"字的解释就是"知时畜"也。

　　"鸣"也泛指其他动物的叫声，如《诗经·小雅·鹿鸣》："呦呦鹿鸣，食野之苹。""呦呦"是鹿鸣叫的声音。物体发出的声音也可以称为"鸣"，如古人形容作战常说"金鼓齐鸣""鸣金收兵"，"金"是古代行军时用来发出信号的一种乐器，用金属制成，"金"和"鼓"发出的声音都称为"鸣"。

（38）凤（鳳）

"凤"的甲骨文字形跟"鸡"相似，也主要有两种。一种是象形字，画出凤鸟的形状。凤鸟是人们想象中的神鸟，它的头顶上似乎戴着王冠，羽毛特别丰满。另一种是形声字，在象形字的基础上添加声符"凡"。同"鸡"一样，有了声符"凡"之后，其字形更容易辨认，象形部分就不用写得那么复杂了，所以后来也用"鳥（鸟）"字代替，"凡"写在"鳥"的外面，如小篆

就逐渐演变为繁体的"鳳"字。

"鳳"在甲骨卜辞中常用作假借，表示风，后来人们在"鳳"的基础上改造，造出"風"字，专门用来表示风。

与"風""鳳"的密切关系对应，今天的简化字"风"

跟"凤"也非常接近。其实在明清时期，"风"和"凤"都是
"鳳"字的俗写。简化字方案制定时，考虑到两个字的关系，
人们就把这两种简写方式分别分配给了"風"和"鳳"。

（39）隹

"隹"的甲骨文字形跟"鸟"近似，也是画出"鸟"的
形状。相比于"鸟"，"隹"的字形更简略和规整，各字之间
写法差异不大，已经基本定形，这是因为"隹"字在甲骨文
时代已经很常用。"隹"字的本义也是鸟，但在甲骨文中经
常假借作为助词，读作wéi，这种用法后来添加"口"旁写作
"唯"。

甲骨文中"隹"也常用作形旁表示鸟，如在"雀""集"
字中。"隹"作形旁组成跟鸟有关的字，可以表示鸟类的名
称，如"雁""雕""雀"等；还可以表示跟鸟有关的动作或
性质，如"集"的本义是鸟休息，"霍"的本义是鸟飞行扇动
翅膀的声音，"雄"和"雌"的本义就是公鸟和母鸟。有趣的
是，"雅""雇""难（難）""离（離）"这几个字我们今
天都很常用，它们的本义其实都是鸟名，而今天我们常用的意
义则都是它们的假借义，只是借用字音，跟它们的本义无关。

（40）雀

"雀"的甲骨文字形由"小"和"隹"会意，本义就是小鸟。《说文解字》："雀，依人小鸟也。"显示出人们对雀的喜爱。"雀"在古时可以泛指鸟类，并不一定是小鸟。"朱雀"是古代传说中的瑞鸟，人们用作星宿名，还常跟"青龙、白虎、玄武"一起作为城门或军旗的标志。如果看图画，就能明白"朱雀"不是小鸟。我们熟悉的"孔雀"也不是小鸟，不过"孔"字本身就是"大"的意思，所以从字面上看"孔雀"就是"大雀"，也就不算小鸟了。

（41）集

"集"的甲骨文字形分为上面的"隹"（或"鸟"）和下面的"木"，本义就是鸟在树上停歇、栖息。《诗经·周南·葛覃》："黄鸟于飞，集于灌木，其鸣喈喈。"这个"集"就是停歇、休息的意思。如果有很多鸟停歇在树上，就是聚集了，所以"集"字引申出聚集、集合的意思。金文、小篆的"集"字还有三个"隹"的字形，突出鸟多，如

（42）燕

　　"燕"的甲骨文字形是燕子正面向上飞翔的形状，有头、身、一双翅膀和尾巴，这些身体部件都在后来的字形中保存了下来，如小篆

到楷书中仍然可以辨认。

　　燕子古时又称"玄鸟"（"玄"就是黑色的意思，燕子是黑色的，所以称"玄鸟"），是商代始祖的图腾。《诗经·商颂·玄鸟》："天命玄鸟，降而生商。"所以燕子在商代地位很高。后代也有用"燕（yān）"作国名的，"燕国"是周代建立的诸侯国，一直延续到战国时期，是战国七雄之一。燕国都城就在今天的北京，所以北京也称为"燕京"。

　　（43）贝（貝）

"贝"的甲骨文字形是贝壳的形状，很形象。后来，经过金文

小篆

等，逐渐演变为繁体的"貝"字。

　　贝壳在早期曾用作货币，所以用"贝"作形旁的字往往跟财物有关，如"财""货""资""购""贸""贩""贷""赊""赌""赠""赏""赐""贡""贿""赂""贵""贱"等。"责"字的本义是索取，引申表示责任；被索取的一方有所亏欠，所以又引申表示债务，后来添加"亻"旁，写作"债"。"质"字的本义是抵押，以人做抵押就是"人质"。"赞"字的本义是辅助，今天我们说"赞助"，还是这个意思；又引申表示赞扬、称赞。

　　（44）得

　　"得"的甲骨文字形由"贝"和"又"（表示手）组成，

有的加上了表示行路义的"彳"旁，在路上捡到了贝壳，就是
"得到"的意思。小篆中，右下方的"又"变为"寸"，写作

隶书中，右上方的"貝"字渐渐讹变为"日"和一横，如

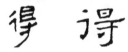

就看不出它原来构形的意思了。

（45）鱼（魚）

"鱼"的甲骨文字形是鱼的形状，繁简不一。有些金文字
形更加美观，如同图画，如

头、鳍、尾和鳞都很清楚。后来，字形简化和规整，如金文

小篆

隶书

逐渐演变为繁体的"魚"字。

"鱼"作形旁主要表示鱼类的名称，如"鲤""鲈""鲫""鲨""鲑""鳝""鳗"等。有的动物按今天的科学分类不属于鱼类，但因为生活在水里，也用"鱼"作形旁，如"鲸""鳄""鳖"等。有的字古今表示不同的鱼，如"鲨"，古代指河里的一种小鱼，像沙子一样细小；今天则是指海里的大鲨鱼。

（46）龙（龍）

"龙"的甲骨文也是个象形字，是人们想象中的神兽龙的形状。跟"凤"类似，龙的头上也似乎戴着王冠。在后来的演变中，"龙"的字形变得更加复杂，如金文

龙头更加细致；小篆

龙身与龙头分立，且增加了四条腿，就接近繁体的"龍"字了。今天的简化字"龙"是根据"龍"的草书字形

截取右半部楷化得来的，笔画大大减少了。

（47）龟〔龜〕

"龟"的甲骨文字形是一头乌龟的形状，主要有背面和侧面两种字形。后来，侧面的字形流传下来，如小篆

隶书

逐渐演变为繁体的"龜"字。"龜"字因为难写，古代就有俗体的写法，如"亀"，今天的简化字"龟"就来自俗体的"亀"字。

　　"龟"的寿命很长，在古人眼中是地位很高的祥兽，人们认为龟能通达鬼神，所以用龟甲占卜。"元龟"一词的本义是占卜用的大龟，后来则比喻可供借鉴的历史故事，如刘琨《劝进表》："前事之不忘，后事之元龟也。"宋代有部著名的大型类书叫作《册府元龟》，就用了"元龟"的这个意思（"册府"是帝王藏书的府库）。

　　（48）虫（蟲）

"虫"和"蟲"最初是两个字，"虫"读huǐ，本义是一种小蛇，后来写作"虺"；"蟲"读chóng，表示昆虫。后来"虫"也被作为"蟲"的简写，今天则是"蟲"的简化字，成为标准字形。

　　我们没有在甲骨文里见到"蟲"字，只有"虫"字，这是个象形字，是一条小蛇的形状。后来小篆将其写作

隶书写作

等，逐渐演变为后来的楷书字形。

　　"虫"作形旁主要表示跟虫类或蛇类有关的动物名，如"蜂""蚊""蚕""蛾""蝎""萤""蟒""蛇""蚯蚓""蜈蚣""蚂蚁""蜻蜓""蜘蛛"等，一些水生贝类、甲壳类，以及两栖类、爬行类动物也会用"虫"作形旁，如"蚌""螺""虾""蟹""蛙""蝌蚪""蟾蜍""蜥蜴"等。

　　（49）它

　　"它"的甲骨文字形是一条蛇的形状，粗壮且有花纹。后来，字形逐渐简化，如金文

小篆

隶书

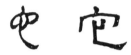

等，最终演变为楷书字形。

　　"它"字的本义就是蛇，后来常假借表示"其他"的意思，今天则常用作人称代词，称人以外的事物。为了区分，人们就给"它"添加表义的"虫"旁，造出"蛇"字，来表示它的本义。

第九章

与天文地理有关的甲骨文字

1. 与天文气象有关的甲骨文字

（1）日

"日"的甲骨文字形就是太阳的形状。在圆形的轮廓里面画一个圆点或一横，表示里面是充实的，《说文解字》："日，实也。"也有人认为这一点表示太阳黑子。

用"日"作形旁的字主要跟太阳和光热有关，如"旭""晴""旺""昭""晃""暗""暑""旱""晒""暖"等；或者与时间有关，如"时""晨""晓""晌""晚""昨"等。"景"字的本义是太阳光，引申为风景、景色的意思；又引申为太阳光下的影子，后来添加"彡"

旁，写作"影"。"昏"的本义是黄昏、傍晚，因为天色渐暗，所以引申出昏暗、糊涂等意思。

（2）旦

"旦"的甲骨文字形是在"日"字下面画一个圈，表示地面，早晨太阳从地面升起，所以"旦"字的本义就是早晨。后来，下面的圈简化为一条横线，如小篆

就接近我们熟悉的楷书字形了。

（3）莫

"莫"的甲骨文字形是由"日"字跟四个"中"（表示草）或四个"木"字组成，也简写作两个"中"或两个"木"。后来，四个"中"的写法流传下来，如小篆

隶书

莫 莫

逐渐演变为楷书字形。

太阳落入草木之中，就是晚上了。"莫"字的本义就是晚上，也表示一年将尽，如《诗经·唐风·蟋蟀》："蟋蟀在堂，岁聿其莫。"意思是蟋蟀进到堂屋里（说明天冷了），这一年也将近年底。"莫"常假借作否定义，于是人们又给它再添上一个"日"旁，写作"暮"，来表示它的本义，一年将尽也称为"岁暮"。

（4）春

"春"的甲骨文有多种字形，它们共同的特点是形声字，用"屯（𠂤）"字作声旁，表示字音。形旁则不固定，有时是多个"木"或多个"屮"，表示草木生长；有时还有"日"，表示太阳照耀下草木生长。"春"字的本义就是春天。

后来，"春"的小篆字形固定为"艸""屯""日"三个部件，写作

䐞

隶书将"屯"写在上面，又将"艸"和"屯"的笔画合并，如

春　春　春

就逐渐演变为我们熟悉的"春"字了。今天我们看楷书的"春"字，已经完全看不出它曾经是个形声字了。

（5）月（夕）

"月"的甲骨文字形就是月亮的形状。《说文解字》："月，阙也。""阙"就是"缺"的意思。我们看到的月亮大多数时间都不是圆的，甲骨文就表现出缺月的特征，跟"日"形成对比。也有在月亮轮廓里加上一笔的写法，与"日"相似；这种写法后来就演变成了我们今天的"月"字。

"夕"字表示夜晚的意思，在甲骨文里跟"月"是同形字。后来"月"一般采用多一笔的写法，如金文

小篆

"夕"一般采用少一笔的写法，如金文

小篆

两个字就区分开了。

　　我们在讲"肉"字时说过，"肉"作偏旁跟"月"同形。今天写作"月"旁的字大都跟"肉"有关，跟月亮有关的很少，如"朗"，表示明亮；"朔"表示农历的每月初一；"朦胧"，表示月光暗淡，看不分明。

　　（6）明（朙）

　　"明"的甲骨文字形主要有两种。一种是由"日"和"月"组成，太阳和月亮都是明亮的。另一种是由表示窗户形状的"囧"（或"田"）跟"月"字组成，月光从窗户照进来，也能表示明亮。有人认为"囧"（或"田"）是"日"形的讹变。后来"日"和"月"组成的"明"字更常用，且流传了下来。

　　（7）晶

"晶"的甲骨文字形是散布的星星的形状，突出了星星众多的特征。"晶"字的本义就是星星，是"星"的本字。在甲骨卜辞中，"晶"也表示星星。因为人们又造出带声旁"生"的"星"字，所以后来"晶"字就专用来表示星光。像星星一样闪亮的东西也称为"晶"，比如"水晶""结晶"等。

（8）星

"星"的甲骨文字形由星星的形状和"生"字组成，"生"表示字音。甲骨文献中的"星"字大多只画两个星星，且都写作"口"形，没有"日"形。金文和小篆中又有写作三个"日"的，如

也有简化为一个"日"的，如

其字形就渐渐演变成后来的楷书字形了。

（9）云

"云"的甲骨文字形就是云朵的形状，突出云朵回旋的特征。我们观察古代器物上的云纹时，会感到它们跟甲骨文的"云"字有相似之处。

后来，"云"字常假借表示"说"，如我们熟悉的"古人云"就是"古人说"的意思，人们又给它添加"雨"旁，写作"雲"，专门表示云朵义。今天的简化字省去了"雨"旁，相当于恢复了早期的独体字。

（10）气

"气"的甲骨文字形就是三条横线，表示气流运动。《说文解字》："气，云气也。""云气"就是雾气的意思。"气"的甲骨文字形跟"三"的甲骨文字形很像，不同的是，"三"的三横是一样长的，"气"则是中间的横短，上下的横长。后来，金文中有上端翘起的字形

又有下端拉长的字形

便渐渐演化为我们熟悉的字形了。

在甲骨卜辞中，"气"就假借表示索要、乞求，后来人们把"气"字中间的一横去掉，造出"乞"字，专门表示这个意思。"气"在甲骨卜辞中还经常假借表示"到（某一时间）"，如"丙寅气壬申"，就是"从丙寅日到壬申日"，这个意思后来加上表行动、运行义的"辶"旁，用"迄"字表示。

（11）雨

"雨"的甲骨文字形就是雨的形状，只画出雨滴或雨丝恐怕难以识别，所以上面还加上一横或两横，表示天空，雨从那里落下来。"雨"的小篆字形

就跟我们熟悉的楷书字形很接近了。

"雨"字古时还表示像下雨一样降落下（其他东西），读yù。如《诗经·小雅·采薇》："昔我往矣，杨柳依依。今我来思，雨雪霏霏。""雨（yù）雪"不是又下雨又下雪，而只是下雪的意思。又如古人传说仓颉造字之时，发生了神异事件，"天雨粟，鬼夜哭"（《淮南子·本经训》），"天雨（yù）粟"，意思就是天上落下粮食。仓颉造字意义

重大，惊动了上天。有了文字之后，人们的生活发生了质的飞跃。

"雨"用作形旁常写在字的上部，用"雨"作形旁的字词主要与气象有关，如"雪""霜""露""霞""雾""雷""霹雳"等。"震"的本义是迅猛的雷，雷声让人感到震动，所以引申表示各种震动。

（12）申

"申"的甲骨文字形是闪电的形状。"申"字的本义就是闪电，后来人们给它添加了"雨"旁，造出"電"字，来专门表示闪电的意义，今天的简化字"电"则又省去了"雨"旁，相当于恢复了早期的独体字。

古时人们敬畏上天，因为闪电是剧烈的天象，人们幻想其中有天神的威力，所以"申"又引申出天神的意思，人们给它添加"示（礻）"旁，写作"神"，来专门表示这个意思。闪电变化莫测，可以瞬间伸展，"申"又有了伸展的意思，人们给它添加"人（亻）"旁，造出"伸"字。在甲骨卜辞里，"申"常假借作地支第九位。

"申"小篆字形

中间变成了直线，两边则变为整齐的手形，已经跟最初的字形相差很远了。隶书又把两边连起来，如

就接近我们熟悉的"申"字了。

（13）雷

"雷"的甲骨文字形是在闪电形状的"申"的两边画上车轮形状的"田"形，表示滚滚的雷声，"田"也简写成圆圈或点。后来，金文添加"雨"旁，如

小篆则省去"申"字，写作

隶书又省略为一个"田"形，如

雷

经过这一系列繁化和简化，就演变为我们熟悉的"雷"字了。

（14）虹

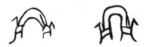

"虹"的甲骨文是个象形字，画出彩虹的形状。在古人的想象中，彩虹是天上有两个头的神龙下来喝水，所以两边还都画出龙头。

后来，人们新造了形声字"虹"，用"虫"作形旁（龙的形象跟蛇相似，所以跟龙有关的字常跟"蛇"一样用"虫"作形旁，如"虬龙""蛟龙"的"虬""蛟"字），用"工"作声旁。"虹"跟其甲骨文字形就很难联系起来了。

2. 与地理环境有关的甲骨文字

（15）土

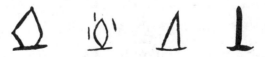

"土"的甲骨文字形就是一个土堆的形状；有的旁边有若干小点，表示碎土渣；有的上方简化为三角形或一竖。金文上方常写作一竖中间加一圆点，如

渐渐中间的圆点变为横线，如

就是我们熟悉的字形了。

　　"土"在甲骨卜辞中也表示人们祭祀的神，是掌管土地的神，后来添加表祭祀义的"示（礻）"旁，用"社"字表示。"社祭"是古代的重要祭祀，后来固定为节日，称为"社日"，分"春社"和"秋社"。春社是立春后第五个戊日，比"二月二"稍晚一些，就是万物复苏、农耕开始的时间。"社"是土地神，"稷"则是谷神，土地和粮食是国家的根本，所以"社稷"合为一个词，表示国家。

　　用"土"作形旁的字主要跟土地有关，如"地""壤""尘""堆""坎""坑""坡"等；有的跟建筑物有关，如"城""塔""堂""壁""堤""坝""址"等。"型"字的本义是铸造器物用的模子，是用土制成的。"基"字的本义是房屋的地基，引申表示根基、基本的意思。"坏（壤）"字的本义是建筑物倒塌，引申出破坏、不好的等意思。

（16）野（埜）

"埜"的甲骨文字形由"土"和"林"组成，表示草木丛生的土地。"埜"的本义就是野外、郊外。

后来，人们又给"埜"字添加了声旁"予"，如小篆

隶书

成为形声字；再把表形部分替换成"里"（"里"字由"田"和"土"组成，也表示土地的意思），如小篆

野

隶书

就变成了一个新的形声字了。

（17）石

　　"石"的甲骨文字形有两种。一种是象形字，画出山石的形状。另一种是在山石下方添加"口"形，"口"究竟表示什么意思，前人没有定论；有人认为也是石头的形状，只是跟"口"同形。后来，加"口"的字形流传下来，金文省作

逐渐演变为楷书字形。

　　用"石"作形旁的字大多跟石头或石头制成的器物有关，如"磁""磬""礁""碑"等。一些烧制而成的器物，本不是石头，但是人们可能觉得它们跟石头一样坚硬，也用"石"作形旁，如"砖""碗""碟"等。用"石"作形旁的字还跟坚固的性质和破坏的意思有关，如"硬""破""砸""磕""碰"。"础"的本义是宫殿地基上用来插柱子的石头，又称为"柱础"。"基"和"础"都是建房的重要部件，所以合起来组成"基础"一词，表示做事情的准备。"研"字的本义是在石头上研磨，后引申为研究的意思。"砌"的本义是石头台阶，又引申为堆砌的意思。

（18）山

　　"山"的甲骨文字形就是大山的形状，有三座山峰。早期金文中山峰往往是填实的，如

更整齐；有的字还不止三座山峰，如

后来金文常常只把中间山峰下方加粗，如

小篆写作

隶书进一步简化为

三座山峰最终演变为三竖，就是我们熟悉的字形了。

用"山"作形旁的字词往往跟山峰有关，如"峰""峦""岭""崖""岩""峻""峭""巍峨"等。"峡"是两边被高山夹着的河流，所以用"山"和"夹"字会意。"岛"是海中的陆地，实际上就是水下的山露出水面的部分。

（19）丘

"丘"的甲骨文字形跟"山"相似，但只有两座山峰，显示"丘"比"山"小。"丘"的本义就是小土山，我们今天说"丘陵"地貌，也是比山区平缓。

"丘"后来的字形演变跟"山"很不同，如金文

小篆

上方渐渐变得跟表示两人相背的"北"字同形了，所以《说文解字》说它"从'北'，从'一'"。后来隶书把右边的"人"形改为一横一竖，如

就跟我们熟悉的字形接近了。

从"山"和"丘"字形的不同变化，我们可以感受到汉字发展中字形演变的多样性。

（20）阜

"阜"的甲骨文字形像一面山壁，有阶梯可以上下。"阜"字的本义也是指土山、丘陵。《诗经·小雅·天保》："如山如阜，如冈如陵。"把福佑比作"山""阜""冈""陵"，这几个字的意思都是相近的。

"阜"的小篆写作

隶书又把最下面的阶梯简化为一横，如

就接近我们熟悉的楷书字形了。

"阜"字虽然不常单用，但常用作形旁。"阜"字用作形旁写在左边，楷书写作"阝"，就是我们熟悉的"左耳刀"了（注意，跟"左耳刀"形状相同，但是写在右边的"右耳

刀"，不是"阜"字的简写，而是"邑"字的简写）。用"阜
（阝）"作形旁的字主要跟山陵地貌有关，如"陵""阿"的
本义都是山陵；"陆"的本义是高而平的土山，引申表示陆
地；"阳（陽）"和"阴（陰）"的繁体字都是形声字，本
义分别是山的南面和北面，即山坡向阳的一面和背阴的一
面。"险""阻"的本义都是险峻难走的地方。"防"的本义
是河边筑土垒起的堤坝，有防御的作用，所以引申表示防御、
防止。

（21）陟

"陟"的甲骨文字形由"阜"和两个"止"（表示脚）组
成，两个脚都朝上，所以"陟"的本义是朝上走、上升。向上
的两个"止"组合起来即是"步"字。

"陟"字今天已经很少用了，古诗文里见到得多一些。如
《诗经·周南·卷耳》："陟彼高冈，我马玄黄。"意思
就是"登上那高高的山冈，我的马儿非常劳累"。又如诸葛
亮著名的《出师表》："陟罚臧否，不宜异同。""陟"
在这里是提拔官员的意思，官员被提拔就是升迁，所以用
"陟"。诸葛亮告诫蜀主刘禅对宫中和朝廷中的官员都应一
视同仁，不管提拔、惩罚、赞扬还是贬斥，都应该按照同样的

标准。

（22）降

$$股　终　股$$

"降"的甲骨文字形跟"陟"相对，两个"止"都是倒着的，表示两个脚朝下，所以"降"字的本义就是朝下走、下降。"止"朝下写作"夂"形，左右反写则为"屮"形，"降"的小篆写作

$$降$$

隶书写作

等，逐渐演变为我们熟悉的字形。从上面的隶书字形中，我们也可以看出"阜"作偏旁简化为"阝"的痕迹。

（23）火

$$凵　山　火$$

"火"的甲骨文字形是一团火的形状，很形象。不过这个字形跟"山"很像，容易相混。后来，人们添加两点表示火

焰，就与"山"的字形区分开了。到了小篆

隶书

火 火

省去了底部的线条，则跟"山"字完全不同了。

火原本是一种自然现象，人们发现火的功用并掌握了取火和用火的技术，在夜晚和黑暗中有了光，能够吃到熟食，能够冶炼金属，大大促进了社会生产的发展。

"火"在汉字中经常用作形旁，在字的下部时常写作"灬"。用"火（灬）"作形旁的字词都跟火的燃烧或燃烧后的物质以及使用火的工具或活动有关，如"烧""烈""烟""焦""灰""烬""炬""烛""灯""照""炊""烹""煎""熬""煮""热""灼""烫""爆炸"等。"然"字的本义就是燃烧，后来常假借作虚词，就又给它添加一个"火"旁，写作"燃"，表示它的本义，所以"燃"的字形里就有两个"火"旁了。"炮"字的本义是烧烤，读páo，我们今天说"炮制"，用的就是它的本义；而兵器里的"炮"原本写作"砲"，因为在冷兵器时代，它是利用机械装置投石发射的，后来用上了火药，就用"火"旁取代了"石"旁，写作

"炮"了。

（24）光

"光"的甲骨文字形是一个跪坐的人形"卩"，头顶上有"火"。火在人的上方，所以人感到明亮。"光"字的本义就是光明。

"光"字直到秦代和西汉早期的隶书中还是上"火"下"人"的组合，如

后来"火"字下部的撇捺拉平，变形为一横，如

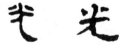

就不容易看出上部是"火"字了。

（25）秋

"秋"的甲骨文主要有两种字形。一种是象形字，描绘一

种蝗虫的形状。蝗虫会在秋季飞来掠食庄稼，形成灾害，用这个象形字来代表秋季，正体现了蝗灾给人们留下的印象非常深刻。上古时代生产力不发达，人们对蝗灾无能为力，只能通过祭祀祈祷的方式来祛除。后来，人们开始用火来驱逐蝗虫，就造出第二种字形，在原来的象形字下面添加"火"旁。

后来人们又添加了"禾"旁，原来表示蝗虫的象形部件讹变为"龜（龟）"形，如《说文解字》中的籀文

这样字形又过于复杂，于是省略了"龜（龟）"形，如小篆

隶书

就演变为我们熟悉的"秋"字了。

（26）水

"水"的甲骨文字形就是流水的形状，中间是水流，两边

是水点。有的中间有一条线，有的有两条线。后来，中间一条
线的字形流传下来，如小篆

两边的点则拉长了。隶书又将两边的点变为不同的笔画，如

火 水

就逐渐演变为我们熟悉的楷书字形了。

　　"水"作形旁常在字的左边，简写作"氵"，如"湖"
"海""渊""涯""波""涛""浪""泪""涕""洒"
"浇""淘""洗""浸""泡""清""浊""深""浅"
等。"江"和"河"最初的本义都是专名，"江"就是长江，
"河"就是黄河，后来都作为江河的通称了。"沐"的本义是
洗头发，"浴"的本义是洗身体，后来组成了"沐浴"一词。

　　（27）涉

　　"涉"的甲骨文字形里，两个"止"分别在"水"的两
边，表示蹚水过河。我们常用"跋涉"一词形容长途行路的艰
难，这个词在《诗经》里就出现了，汉代人的注释说："草行
曰跋，水行曰涉。"在陆地上行走就是"跋"，在河水里行走

就是"涉",所以又有"跋山涉水"一词。

后来,两个"止"字组成"步"字,再把"水"作为偏旁写在左边,就是"涉"字了。

(28)川

"川"的甲骨文字形跟"水"近似,不同的是,长长的水流更多,表现出河流的形状。"川"字的本义就是河流,在词语"名山大川""川流不息"中,"川"都是河流的意思。后来,"川"也可以表示广阔的平地,如"敕勒川"。成语"一马平川"中的"川"也是这个意思。

(29)州

"州"的甲骨文字形跟"川"近似,但是中间有一块圆形的陆地。"州"字的本义就是水中的陆地。甲骨文只是中间的水流有陆地,到了小篆则变为三条水流中都有陆地,写作

隶书变作

等，就接近我们熟悉的字形了。人们又给"州"字添加"氵"旁，写作"洲"，来表示它的本义，如《诗经·周南·关雎》："关关雎鸠，在河之洲。"雎鸠就居住在河中间的小洲上。

后来，"州"字多用来表示行政区域。中国又称为"九州"，就来自古代的地区划分，如《尚书·禹贡》把天下分为"冀、兖、青、徐、扬、荆、豫、梁、雍"九州。清代以后，"洲"字又被用在了世界地理上，表示地球上的"五大洲"了。

（30）泉

"泉"的甲骨文是个象形字，表示山石中有水流出。"泉"字的本义就是山泉。小篆中"泉"依然是象形字，写作

跟甲骨文字形接近。到了汉代隶书，上面的山石形状演变为"白"形，如

下面的水流形又改用"水"字表示，如

就看不出来它曾经是象形字了。

　　泉水是活水，可以找到源头，所以人们在"泉"字上添加表示山崖的"厂（hǎn）"旁来表示源头，如金文

小篆

就是"原"字了。不过，隶书中

的下部没有像"泉"一样变为"水"字，所以最终跟"泉"的字形就有了更多的不同。原本同样的字形最终变得不同，说明汉字的演变过程并非总是依照同样的规则，这种不规则性是人们在使用中约定俗成的。

第十章 ····

与社会生活有关的甲骨文字

1. 与器物工具有关的甲骨文字

（1）食

"食"字的甲骨文字形是食器的形状，上面是盖，下面是器身和底座，很完整。有的两边加点，大概表示米粒。后来，金文

和小篆

字形中，底座部分发生了变形；到了隶书

就逐渐跟我们熟悉的字形接近了。

　　"食"字的本义是吃饭，又表示食物。在甲骨卜辞里，"食"还表示日食和月食。

　　"食"作形旁写在左边时简化为"饣"，用"食（饣）"作形旁的字主要跟饮食有关，如"饮""馋""饿""饱""餐""馔""饼""饺""馅"等。"富饶"的"饶"本义是食物充足、丰富，所以用"食（饣）"作形旁。

　　（2）即

　　"即"的甲骨文字形是一个跪坐的人形朝向食器，也有是站立的人形的。食器形状与"食"字有些差异，没有上面的盖，表示已经打开。"即"字的本义就是就食，引申为靠近、接近，"可望不可即"里的"即"就是靠近的意思。"即"又用作副词，表示"即将"。

（3）既

"既"的甲骨文字形跟"即"相似，不同的是人体上特意画出人头的方向，是转过头去不面对食器，有的字形全身都转过去，背对着食器，表示吃完饭了。"既"字的本义就是终了、穷尽，引申表示"已经"，如"既往不咎"，意思就是"已经过去的事情就不再追究"；"既定目标"就是已经确定的目标。"既"又用作连词，用在"既然""既……又……"中，成为它最常见的用法。

（4）皿

"皿"的甲骨文字形是一个杯碗类器皿的形状，本义就是装食物的餐具。今天常用的"器皿"一词，就表示装东西的日常用具。

用"皿"作形旁的字主要跟器皿有关，如"盘""盆""盒""盂""盅"等。"盔"的本义是一种碗形的食器，因为跟头盔的形状相似，所以用来表示头盔。"盏"的本义是酒杯，如"推杯换盏"，因为古时用的油灯跟杯盏形状相似，所以也说"灯盏",今天则主要用作灯的量词,如"一盏灯"。

（5）血

"血"的甲骨文字形是在"皿"上面画一圆点,表示滴进碗里的血滴。《说文解字》:"血,祭所荐牲血也。"古时祭祀时宰杀牲畜取血,滴在器皿中,进献给祖先,所以用这样的字形表示血液。

"血"的小篆

和隶书

中上面表示血滴的圈或点变为一横,后来又变为一撇。

（6）益

"益"的甲骨文字形是器皿中画多个点,表示装满了水。后来,水点形状用"水"字代替,小篆把"水"字横写,写作

到隶书的

就接近我们熟悉的字形了。

　　器皿中装满水就会溢出，"益"字的本义就是溢出，后来又添加"水（氵）"旁，用"溢"字专门表示这个意思。"益"又引申为增加、增长，比如"益智"一词，就是"增加智慧"的意思。"益"又引申为好处、利益，这成为其常用义。

　　（7）缶

　　"缶"是古时候人们常用的一种瓦罐，罐身宽大，上端口小，用来装酒或水。"缶"的甲骨文字形就是瓦罐的形状，比较简单。后来，上部变为"午"字，如小篆

就跟我们熟悉的字形接近了。

《说文解字》："缶，瓦器，所以盛酒浆，秦人鼓之以节歌。"可能是人们喝多了酒想要唱歌，所以就顺手敲打装酒的缶，伴着敲击的节拍唱歌。人们还按照缶的样子专门制作出一种打击乐器，也叫作"缶"。"缶"也用作形旁，组成跟陶器有关的字，如"罐""缸"等。"缺"字的本义是陶器破损，所以引申出空缺、不足等义。

（8）鼎

"鼎"是古代一种大型的烹煮器具，也作为祭祀和庆典活动中重要的礼器，君主和贵族常在鼎里铸刻上文字，记录功绩。鼎主要有圆形和方形两种，上面都有两耳，可以用棍子抬起；圆形的鼎下面有三足，方形的有四足，可以在下面支起的空间里生火加热。

鼎用青铜铸成，代表了当时的冶炼和铸造工业的水平，精美的鼎具有很高的艺术价值。相传大禹曾经铸造了九个鼎，作为传国的宝器，以后商周都以保存九鼎为掌握政权的象征，所以后来也以鼎比喻国家政权，如"问鼎"就是图谋国君权位的意思。鼎也比喻地位显赫，如"鼎鼎大名"。常见的鼎是三足圆鼎，所以人们用"鼎立"比喻三方分立，旗鼓相当。鼎很重，大力士以举起鼎来表现自己的力量，所以"鼎力"就是

"大力"的意思，"扛鼎"也形容力气很大，能担当重任。

"鼎"的早期金文字形接近图画，如

甲骨文字形则突出了两耳和多足的特征。小篆

则将鼎身和耳足分别表现，渐渐演变为我们熟悉的楷书字形。

"鼎"在甲骨文中的简写形式

主要用来假借作"贞"，表示占卜中的"贞问"，即向神灵提出占卜的事项和问题。

（9）员（員）

"员"的甲骨文字形是在三足圆鼎的上方画一个圈，表示鼎口。因为鼎口是圆形的，所以"员"字的本义就是圆形。后来，人们又给"员"字加上一个圈，即"囗"（wéi）旁，写作"圆"，表示它的本义。"员"则假借表示人员、官员，成为它常用的意义。

在后来的演变中，"员"字下方的"鼎"字更加简化，只保留鼎身和鼎足，如小篆

就跟繁体的"贝"字同形了。

（10）豆

"豆"字的本义也是古时一种盛食物的容器，形状近似于后来的高脚盘，常用作祭祀中的礼器。甲骨文的"豆"是象形字。后来，金文

跟小篆

字形变化不大，直到楷书的"豆"，我们仍能看出容器的轮廓。

"豆"字后来主要表示豆类农作物，是假借它的字音，跟它的本义无关。用"豆"作形旁的字主要也跟豆类作物或食物

有关，如"豌""豇""豉"等。

（11）酉

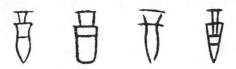

"酉"的甲骨文字形是一个盛酒器的形状。在甲骨卜辞中，"酉"主要假借作地支的第十位，也表示酒。

用"酉"作形旁的字主要跟酒有关，如"酿""醅""酝""酤"等。酒的制作过程经过发酵，所以"酵"也用"酉"作形旁，一些像酒一样经过发酵制成的食品也用"酉"旁，如"醋""酪"等。"醒"的本义是酒醒，后来词义扩大，也表示睡醒、清醒等。"酬"的本义是古人饮酒时一种礼节，指在客人向主人敬酒后，主人回敬客人；所以又引申为酬谢、报酬等义。

（12）尊

"尊"的甲骨文字形是两只手捧着"酉"。"尊"字的本义也是盛酒器，这个意义后来添加"木"旁，常用"樽"字表示。古时，酒在祭祀仪式和外交、庆典等活动中都有着重要作用，双手捧着盛酒器是尊敬的姿态，所以"尊"字引申表示尊敬、尊重，并成为它的常用义；又表示地位高的，如"尊长""尊卑"等。

甲骨文里的"尊"是双手捧着盛酒器，这种字形一直延续到小篆

但小篆里也已经有了另一种简单的字形，只有一只手（"寸"），如

这种字形就渐渐演变为楷书的"尊"字。

（13）爵

"爵"也是古代的一种盛酒器，形状像鸟雀，有嘴，可以直接用来饮酒；下有三足，可以用于加热温酒。"爵"的早期金文有填实的图形字，如

还有的添加手形（"又"），如

"爵"的甲骨文字形的象形程度也很高。后来小篆字形

更加复杂，《说文解字》："象爵之形，中有鬯（chàng）酒，又持之也，所以饮。"说小篆字形不光有象形部件，还有表示酒的"鬯"字和表示手的"又"字。隶书在小篆的基础上简化，并把"又"替换为"寸"，如

逐渐演变为楷书的"爵"字。

　　古时飨宴饮酒是重要的场合，在行酒时人们要排出尊卑次序，所以"爵"字引申出等级禄位的意思，即"爵位"，这成了它的常用义。中国古代主要有"公、侯、伯、子、男"五等爵位。

　　（14）合

　　"合"的甲骨文字形是一个有盖容器的形状，上面的盖子能跟下面的器身盖合。"合"字的本义就是合拢、合起来。

后来又出现了"盒"字，专门表示一种有盖子的容器，但这种容器跟甲骨文的字形应该没有关系，因为"盒"字出现得很晚，是唐代以后才有的。

（15）用

"用"的甲骨文字形是一个水桶的形状。在甲骨卜辞中，"用"就假借表示"使用"了，这也是它从古至今的常用义。

甲骨文中没见到"甬"字。"甬"的金文字形作

等，就是在"用"的上面加了个挂钮，是有挂钮的桶。"甬"又表示"甬道"，最初指两侧筑墙遮蔽的道路，或者楼房之间有棚顶的通道，这种道路封闭狭长，也跟桶的内部相似。

后来，人们给"甬"字添加"木"旁，造出"桶"字，专门表示水桶。

（16）其

"其"的甲骨文字形是一个簸箕的形状，本义就是簸箕。

簸箕主要用来扬去谷物中的糠秕等杂物。后来，金文在下面加注声符"丌（jī）"，如

其

就逐渐演变为楷书的"其"字。

　　甲骨卜辞中，"其"主要假借作为虚词，表示一种推测的语气，如"来庚寅其雨"，意思是"下个庚寅日应该会下雨吧"。这种推测又引申为希望的心情，如《诗经·卫风·伯兮》："其雨其雨，杲杲（gǎogǎo，明亮的样子）出日。"希望下雨，太阳却明亮地出来了。我们今天熟悉的作为代词的"其"，也是它的假借义。后来，人们又给"其"加上表义的"竹"旁，写作"箕"，专门表示簸箕的本义。

　　天上的星座也有以"箕"命名的，这个星座由四颗星组成，形似簸箕。《诗经·小雅·大东》："维南有箕，不可以簸扬。"虽然南天上有星座叫作"箕"，但不能用它来扬去糠秕。

　　（17）网

　　"网"的甲骨文字形就是一张网的形状，很形象。到了小篆

就跟今天的楷书字形接近了。古人狩猎中网的作用很大，既可以用来捕鱼，也可以用来捕捉鸟兽。

"网"作形旁常在字的上方，简写作"罒"，如"罩"，它的本义也是一种捕鸟或捕鱼的工具，引申为覆盖、罩住。"羁"的本义是马笼头，引申为牵制、羁绊。有些跟罪犯有关的字也用"网（罒）"作形旁，如"罪""罚"等。

（18）罗（羅）

"罗"的甲骨文字形由"网"和"隹"组成，表示用网捕鸟。后来添加表义的"糸"旁，如小篆

就逐渐演变为繁体的"羅"字了。简体字形"罗"在元代以前就开始在民间使用了，大概是根据"羅"的草书字形

省去右下部分楷化得来的，相比繁体字，笔画大为减少了。

"罗"字的本义就是捕鸟的网，如"罗网""天罗地

网";也表示用网捕鸟,如成语"门可罗雀",形容没人来拜访,大门口冷清,可以设置罗网捕鸟雀。

(19)买(買)

"买(買)"的甲骨文字形由"网"和"贝(貝)"组成。贝壳在早期被用作货币,"买"字在文献中的本义就是购买。

甲骨文中没有"卖"字。"卖(賣)"的小篆字形

是在"买(買)"的上面加上"出"字。"买"是买进,"卖"则是卖出。隶书

把"出"字简写为"士"形,演变为繁体的"賣"字。

今天的简化字"买""卖"也是根据"買""賣"的草书字形

楷化得来的。

（20）刀

"刀"的甲骨文字形就是刀子的形状，很简单。我们从金文中的图画字

可以理解甲骨文字形的两笔，即上面是刀身，下面的分叉是刀把。到了隶书其字形变形为

等，就看不出来最初的象形了。

"刀"用作形旁在右边常写作"刂"，用"刀（刂）"作形旁的字主要与刀类器具或使用刀的活动有关，如"剑""劈""切""刺""刻""剖""割""剥""削"等。"列"的本义是分解、分开，这个意义后来添加"衣"旁，写作"裂"。"判"的本义是分成两半，后引申为分辨、裁判等义。"解"由"牛""角"和"刀"组成，本义是分割牛，

"庖丁解牛"的"解"就用了它的本义。"到"字里面"刀（刂）"不是用作形旁，而是用作声旁，表示字音。

（21）分

"分"的甲骨文字形表示用刀分割开物体，"八"像物体被分为两半。"分"的本义就是分开，又引申出分别、分辨等意义。从中间分开就是一半，"分"又可以表示一半，如"春分""秋分"就是春天、秋天到了一半的意思。

（22）斤

"斤"的甲骨文字形是一个斧头的形状，本义就是斧头。《庄子·徐无鬼》里说有个工匠叫"匠石"，技艺非常高超，有人在鼻尖涂上白灰，匠石"运斤成风"（挥舞起斧子带起了风），一下子就能把白灰削掉，而人的鼻子一点也没有损伤。"斤"又假借作为重量单位，古代十六两为一斤，所以说"半斤八两"，"半斤"和"八两"是相等的。

金文的"斤"字比甲骨文复杂，勾出双层的轮廓，如

逐渐演变为楷书字形。

用"斤"作形旁的字主要跟斧子一类的工具或用斧子的活动有关，如"斧""斫""斩""断"等。"斯"字的本义是劈、砍，如《诗经·陈风·墓门》："墓门有棘，斧以斯之。"后来假借作虚词。"新"字的本义是伐木，"新旧"的"新"是它的假借义；"新"又指劈好的木柴，后添加"艹"旁，写作"薪"。

（23）兵

"兵"的甲骨文字形是两只手拿着"斤"（斧子）。"兵"字的本义是兵器，如"兵不血刃"，意思就是兵器上没有沾上血，比喻作战顺利轻松。"兵"又引申为士兵、军队等义。

后来，"兵"字下部的两手形合并为"廾"形，如金文

隶书

逐渐演变为楷书字形。

（24）折

"折"的甲骨文字形是用"斤"（斧子）将"木"横着砍断。"折"字的本义就是折断。后来，"木"的两端常朝一个方向写，就变成了两个"中"形，如金文

小篆

《说文解字》："从斤断艸，谭长说。"是说一个叫谭长的学者说，"折"是用斧头砍断草的意思。两个"中"连在一起，隶书中又讹变为"扌"旁，如

就是我们熟悉的字形了。

（25）析

　　"析"的甲骨文字形由"斤"和"木"组成，也表示用斧头劈木头，但不是像"折"那样拦腰砍断，而是竖着劈开。"析"字的本义就是分开、分解。我们常说"分析""辨析"，就是"析"字本义的抽象引申。

　　（26）王

　　钺是一种大斧子，是古时的重要兵器，常由君王使用，也用在仪仗中象征王权。如《史记·殷本纪》："汤自把钺以伐昆吾，遂伐桀。"商朝的开国君主商汤就是用钺作武器的。"王"的甲骨文字形就是钺的形状，本义则是君王。甲骨文中的"王"字早期更象形，后期上部添加装饰性的横画，就逐渐与我们熟悉的字形接近了。

　　因为"玉"字小篆跟"王"字几乎同形，所以今天用"王"作形旁的字几乎都跟玉器有关，跟君王没有关系，只有个别字，如"皇"，是跟君王有关的。

（27）戈

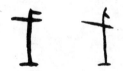

戈是商周时代最常用的兵器，长柄，器身如短剑，两端都有锋刃，可以横击或勾刺。"戈"的甲骨文字形就是戈的形状。早期金文的图形字则更加形象，如

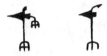

金文中，"戈"字又写作

就与我们熟悉的字形接近了。

用"戈"作形旁的字主要与兵器或军事活动有关，如"戎""戟""戕""戮""戳""战"等。

（28）伐

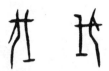

"伐"的甲骨文字形由"人"和"戈"组成，表示用戈砍人。"伐"字的本义就是砍伐，又表示征伐，甲骨卜辞中的

"伐"多为征伐之义。"伐"表示砍伐，不光砍人，也经常表示砍树，如《诗经·魏风·伐檀》"坎坎伐檀兮"，就是砍伐檀树发出"坎坎"的声音。今天"伐木"则成为一项专门的工作。

（29）戒

"戒"的甲骨文字形是两只手持"戈"，表示警戒。"戒"字本义就是警戒。后来，两手形合并为"廾"形，如金文

就接近我们熟悉的字形了。

"戒"是动作上的警戒，如果在言语上提示别人警戒就是告诫了，后来又添加"言（讠）"旁，写作"诫"，专门表示这个意思。

（30）武

"武"的甲骨文字形上面是"戈"，下面是"止"（脚

形），表示带着戈走路，就是去行军打仗了。"武"的小篆作

"戈"仍然是正常的字形；后来，隶书将"戈"下面的斜笔变形为一横，如

就逐渐演变为我们熟悉的字形了。

　　因为"止"字后来主要假借表示停止、制止的意思，所以人们对"武"字的意义有了新的解说。《说文解字》："武，楚庄王曰：'夫武，定功戢（jí，停止）兵。'故止戈为武。"《说文解字》引用楚庄王的话来自《左传》，意思是，"武"就是建立功勋，制止战争。所以，人们认为"武"由"止"和"戈"组成，是制止战争的意思。这并不符合"武"字的造字本义，但体现了人们对战争的反思和追求和平的理想。

　　（31）我

　　"我"的甲骨文字形是一种有锯齿的兵器的形状，与戈一

样有长柄，但锋刃不同。甲骨卜辞中"我"就假借作第一人称代词了，跟现在的意义是一样的。"我"是一个常用字，金文中也多有出现，如

等，后一种字形就跟我们熟悉的字形接近了。

（32）单（單）

"单"的甲骨文字形是一种武器的形状，也作为捕猎鸟兽的工具。"单"的字形有繁有简，复杂的形式后来演变为繁体的"單"字。

"单"后来假借表示"单独"，成为它的常用义，而它的本义还保留在一些用它作偏旁构成的字中，如"弹"。"战"的繁体字"戰"，也是由"單"和"戈"组成的，简化字则把"單"换成了表音的"占"。

（33）兽（獸）

"兽"的甲骨文字形由"单"和"犬"组成，"单"是狩

猎的工具，"犬"是猎犬，"兽"字的本义就是狩猎。后来，金文"单"的下部繁化，如

到小篆

则变为"口"形，逐渐演变为繁体的"獸"字。

"兽"由狩猎义引申表示猎物，就是野兽的"兽"了。后来，狩猎的意义则用"犬（犭）"和"守"组成的形声字"狩"表示。

（34）弓

古人很早就发明了弓箭，弓箭在狩猎和战斗中都发挥了重要作用。射箭也成为贵族必须掌握的一种技艺，传统的"六艺"指古代贵族教育学生的六种科目，即"礼、乐、射、御（驾车）、书（写字）、数"。

"弓"的甲骨文字形就是弓的形状，也有省略弓弦的简写形式。后来简写形式占了优势，如金文

小篆

逐渐演变为楷书的"弓"字。

用"弓"作形旁的字主要跟弓类器具有关，如"弩""弦"等。"张"字的本义是拉紧弓弦，"弛"字的本义是放松弓弦。"引"字的本义是拉弓，如成语"引而不发"，意思就是拉开弓却不发射箭，常比喻做好准备，等待时机。

（35）矢

"矢"的甲骨文字形是箭的形状。金文中，箭羽上部常写作一圆点，如

圆点又变为一横，如

就接近我们熟悉的字形了。

　　我们熟悉的成语"矢志不渝"里面的"矢"跟箭没有关系，而是假借作"誓"，"矢志不渝"就是立下誓愿决不改变的意思。

　　（36）至

　　"至"的甲骨文字形中，下面的一横表示目的地，上面则是倒写的"矢"，表示箭头到达目的地。"至"字的本义就是到达。后来，下面的箭头先变形，如金文

上面的箭尾又变形，如隶书

就看不出来最初的"矢"字字形了。

　　"至"由到达引申为到达极点，"夏至""冬至"的"至"就是这个意思。夏至时白天最长，夜晚最短，太阳到达

最北边，又称"北至"；冬至时白天最短，夜晚最长，太阳到达最南边，又称"南至"。

（37）侯（矦）

"侯"的甲骨文字形跟"至"近似，但是"矢"射向的目标不同。"侯"字的"厂"形表示一种特定的箭靶，这种箭靶就称作"侯"。侯是举行射礼时张挂的箭靶。古代有"射侯"之礼，《礼记》："故天子之大射，谓之'射侯'。'射侯'者，射为诸侯也。射中则得为诸侯，射不中则不得为诸侯。"所以，"侯"由箭靶义引申为爵位的称号。

"侯"的小篆字形上方添加了"人"字，写作

就演变为楷书的"矦"了。"侯"则是将"矦"上方和左侧的两撇重新组合成"亻"旁的一种变形，后来这种字形更加常用，就作为标准字形，"矦"则成了它的异体字。

（38）糸

　　"糸（mì）"的甲骨文字形是一束丝的形状。《说文解字》："糸，细丝也。"

　　"糸"基本不作为单字使用，但用"糸"作形旁的字很多。"糸"作形旁在左边时简写作"纟"，用"糸（纟）"作形旁的字主要跟丝织品（也包括棉、麻织品等）或衣物有关，如"线""絮""绳""索""绮""绣""绸""缎""纽""结"等；也跟织物的加工活动有关，如"纺""织""缝""缠"等。很多表示颜色的字本义就是染色的织品，所以用"糸（纟）"旁，如"红""紫""绿""绛""绯"等。"素"字的本义是未染色的布，引申表示素色的、朴素的等义。"缘"字的本义是衣物的边缘，"缘分""缘故"都是使用它的假借义。"组"的本义是编制丝带，引申表示编组、组合等义。"经""纬"的本义则跟织布有关，"经"是织布的纵线，"纬"则是织布的横线，引申为地理上的南北、东西，又进一步引申为治理等义。最早的纸是用漂洗后的丝絮的碎渣造出的，所以"纸"字也用"糸（纟）"作形旁。

　　（39）丝（絲）

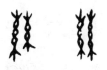

　　"丝"的甲骨文字形就是两个"糸"，即两束丝。人们用

"丝"字来表示蚕丝和丝织品。传说中黄帝的妻子嫘祖发明了养蚕制丝，可见中国丝织业的历史非常久远。中国的丝绸制品在世界上影响也非常大，英语的"silk"就是根据"丝"字的古音造出的单词。

"丝"也用来表示如丝般纤细的意义，如"柳丝""发丝""雨丝""藕丝""肉丝"等都是取此义。古时"丝"和"毫"还用作长度单位，都是极细小的，据说十丝为一毫，十毫为一厘，所以人们用"丝毫""毫厘"表示微小。

（40）乐（樂）

甲骨文的"乐（yuè）"字用"木"和"丝"会意，在木制的琴身上装上丝线做的琴弦。"乐"的本义就是音乐。古时的弦乐器称为"丝"，管乐器称为"竹"，所以乐器也称为"管弦"或"丝竹"。音乐可以使人快乐，所以"乐"又引申出快乐（读lè）的意思。

"乐"的金文又添加了表示琴形的象形部件"白"，如

就逐渐演变为繁体的"樂"字。简化字"乐"则是根据"樂"的草书字形

楷化得到的。

（41）终（冬）

甲骨文的"终"字是个象形字，字形很简单，就是在一根丝线的两端打上结，表示终点。"终"字的本义就是结尾、终结。一年的终点是冬季，所以

又引申出冬季的意思，后来添加表示寒冷的"仌"（bīng，即"冰"）旁，来专门表示这个意思，小篆写作

隶书变形作

再后来，人们又给"冬"字添加"糸（纟）"旁，造出形声字"终"，代替了最初的象形字。

"终"从最初简单的象形字到最后复杂的形声字，变化很大，这主要是为了表义清晰，避免误解。

前文我们所说的"仌"，金文写作

小篆写作

是个象形字，表现冰的坚硬的形状。后来添加"水"旁，如小篆

就是"冰"字了。而"仌"则专用作偏旁，在字的左边简写作"冫"，组成跟冰或寒冷有关的字，如"凌""冷""冻""凝""凛"等。

（42）衣

"衣"的甲骨文字形是上衣的形状。《说文解字》："上曰衣，下曰裳（cháng）。""衣"是上衣，"裳"是下裙，

古时上衣和下裙是有区分的，今天"衣裳"则成为一个词，"裳"的读音也不一样了。

"衣"的小篆

和早期隶书如

还很象形，后来分解为不同的笔画，如

衣　衣

就不容易看出上衣的形状了。

"衣"在字的左边时写作"衤"，用"衣（衤）"作形旁的字主要跟衣物和制作衣物有关，如"袄""衫""袍""裙""裤""袜""襟""袖""袋""裁""裂""补"等。"衷"字的本义是内衣，引申表示内心，如"衷心""言不由衷"。"表"的小篆写作

由"衣"和"毛"组成，《说文解字》："古者衣裘，故以毛为表。"古人穿裘衣，有毛的一面在外面，所以用"表"字

表示外衣，引申为外面、外表等义。

（43）东（東）

"东"的甲骨文字形是一个大袋子，上下束口，里面装有东西。"东"可能是"橐"（tuó，一种大袋子）的本字，表示方位则是它的假借义。在甲骨卜辞中，"东"就只使用假借义，专门表示东方了。

"东"的小篆写作

《说文解字》："从日在木中。"把"東"字分解为"日"和"木"，取太阳初升之义。因为太阳从东方升起，所以它表示东方。这是许慎根据小篆字形的分析，并不符合甲骨文字形的本义。

（44）玉

"玉"的甲骨文字形是一串玉片的形状，古时常用作祭祀的器物。玉在中国文化中极受珍视，古人把玉比作人的美德，

君子皆佩玉。玉器也有各种形制，丰富多彩。

　　甲骨文字中一竖串起的玉片数量不等，后来金文固定为三片，如

这样，"玉"字跟"王"字就变得难以区分。小篆"玉"写作

三横距离相同；"王"写作

上面两横靠近。

　　为更容易区分，人们又给"玉"字添加点，如楚简

后来，添加一点的字形，如隶书

成为常用字形。

　　虽然"玉"字单用时跟"王"字有了区别，但用作形旁在左边时仍保留了原来"王"的写法，用"玉（王）"作形旁的字词主要跟玉器或类似玉的器物有关，如"琼""瑜"

"环""璧""玺""玛瑙"等。"瑞"的本义是用玉做成的信物，又表示祥瑞、吉祥等义。"理"字的本义是治玉，即对璞玉进行加工，后引申为治理、文理等义。

（45）册

"册"的甲骨文字形是编连的竹简的形状，把写好字的竹简按顺序用丝绳编连起来，就称为"册"。甲骨文里有"册"字，说明当时人们已经在竹简上写字了。传世文献也记载了这个事实，如《尚书·多士》："惟殷先人，有册有典。"甲骨卜辞中有"禹（chēng）册"的说法，用在出征之前，"禹"是举起的意思，"册"上写的应该是讨伐敌人的檄文，禹册即带兵的将领举起檄文，这是发兵的仪式。

"删"字由"册"和"刀（刂）"组成。古时在竹简上写字，如果写了错字，就用刀把字刮去，再重新写，所以古时掌管文案书记的官员又称为"刀笔吏"，文人写作或者对作品修改订正也称为"笔削"。

（46）典

"典"的甲骨文字形是两只手捧着"册"，表示重要的文

件，也有省作一只手的；有的字还有"二"形，大概表示台基或桌案，古时祭祀开始时常敬献典册祝告，把典册供在台基或桌案上。

"典"的本义就是重要的文书，引申为经典。传说中上古有"三坟五典"，"三坟"指三皇之书（"坟"表示"大"的意思），"五典"则指五帝之书。

后来"典"字下方两手形合并又变形，如金文

小篆写作

许慎把小篆字形的下方理解为"丌（jī，台基义）"字，《说文解字》："从'册'在'丌'上，尊阁之也。"认为是把典册放在台案上，表示尊敬爱护。

（47）聿

"聿（yù）"的甲骨文字形是一只手拿着毛笔，本义就是毛笔。后来小篆在下端增加一横，写作

到隶书

就是我们熟悉的字形了。

　　"聿"字古时很少使用，早期主要假借为语气助词，如《诗经·唐风·蟋蟀》："蟋蟀在堂，岁聿其莫。""聿"在句中凑足音节，没有实际意义。后来人们给"聿"字添加"竹"旁，写作"筆"，专门表示它的本义，就是"笔"的繁体字了。"书（書）"字金文写作

是用"聿"作形旁，"者"作声旁的形声字。"书"的本义就是书写，后来引申指书籍、书信等。

　　（48）史（吏、事）

　　"史"的甲骨文字形也是一只手拿着东西，有人认为手里拿的跟"聿"一样也是笔，因为一般来讲，史官的主要职能是

书写记录。《汉书·艺文志》："左史记言，右史记事。"跟"聿"不同的则是"史"字的笔是朝上的。也有人认为手上拿的是其他东西，如简册、火烛、狩猎的武器等，众说纷纭。因为在甲骨卜辞中，史官的职责很多，既有在中央任职的文官，也有在外驻守的武官。所以，"史"字又泛指官吏，后来分化为"吏"字。"史"又引申表示做事、服事，后来分化为"事"字。

　　甲骨文的"史"字后来分化为"史""吏""事"三个字。"史"的字形最简单，小篆作

隶书下端进一步简化，合并笔画，如

"吏"则来自上端分叉的字形

分叉最终变为一横。

　　"事"也来自上端分叉的字形，下端的手形则没有简化，如金文

小篆

（49）工

"工"的甲骨文字形是的一种工具的形状，有人认为是斧子之类，也有人认为是"规矩"的"矩"。"规"和"矩"都是工匠使用的工具，校正圆形的工具称为"规"，校正方形的工具称为"矩"。"工"字的本义就是工匠，即从事手工业劳动的人。

在甲骨卜辞中，"工"字不光表示工匠，还假借表示贡献，这个意思后来添加表财物的形旁"贝"，写作"贡"。"工"还假借表示攻打，这个意思后来添加表动作的形旁"攵"，写作"攻"。语音的假借赋予一个字形更多的意义，使得文字超越了形体的限制，而给假借字添加形旁，造出新的形声字，也是让汉字表义更加清晰明确的主要方式。

（50）车（車）

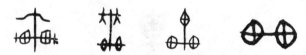

"车"的甲骨文字形是车子的形状，繁简不一。金文有图画字，如

非常细致，完整地表现了古时车的形制，轮、轴、舆、辖、辕、衡、軛等部件都清晰生动，甚至还有绑在衡两侧的饰物。

　　表示车身部件的汉字大多是用"车"作形旁的形声字，上面所说的"轮""轴"我们都已经很熟悉，下面介绍一下其他几个字。"舆"就是车厢，在两轮中间。后来，"舆"字也用来表示人抬的轿子。"辖"是车轮两侧用来固定车轮和车轴的销钉，是保证车轮正常运转的关键，所以后来"辖"字引申出管辖、管制的意义。"辕"是驾牲畜的直木，就是在车厢下方与车轴相交，一直贯穿到车前的长木。辕又称"直木"，车前端与辕交叉的构件就称作"横木"，也称作"衡"。"軛"是横木上垂下的叉形构件，用来套在牛马等牲畜的脖子上。

　　后来，侧立繁写的字形在金文中比较流行，如

这一形式中取一部分，简化为

就是繁体的"車"字了。

（51）舟

"舟"的甲骨文字形就是一条船的形状。后来，"舟"字经过金文

小篆

隶书

逐渐演变为楷书字形。

用"舟"作形旁的字主要跟船有关，如"船""艇"

"舵""舢"等。

（52）中

"中"的甲骨文字形大概是当时观测风向的一种仪器，在一根长杆上系有飘带，看飘带的摆动来观测风向。因为风来自四方，而长杆居中，所以"中"字引申表示方位的中间，成为它的常用义。

在甲骨文中，繁简两种形式的"中"的用法并不相同，而是有分工。繁写的形式

表示方位的中间。简写的形式

则表示排行居中的，即排行第二的，这个意思后来添加"人（亻）"旁，写作"仲"。古时每个季节的三个月常以"孟""仲""季"分别称呼，如"孟春""仲春""季春"等。

（53）示

"示"的甲骨文字形是祭祀中神主牌位的形状，有多种异体字形。上面所示五种字形，后面的两种看起来更象形，但在甲骨文中较少出现，前面两种最常用，第三种则演变为我们熟悉的字形。

在甲骨卜辞中，"示"经常表示祭祀的祖先，同时祭祀多个祖先，会简写作"二示""三示""五示""十示"等。在古人的观念中，去世的祖先具有神性，能保佑世人，能给人启示。

"示"作形旁在左边写作"礻"，用"示（礻）"作形旁的字主要跟祭祀和鬼神、祸福有关，如"礼""祭""祀""神""祥""福""禄""祸""祷"等。"视"字里的"礻"并非形旁，而是声旁，表示字音。

（54）且（祖）

"且"的甲骨文字形也是祭祀中神主牌位的形状，本义就是祖先，后来又添加"示（礻）"旁来表示这个意思，即

"祖"字。"且"字则假借为虚词，发展出多种用法，如"而且""尚且"等，是我们今天依然常用的虚词。

2. 与房屋道路有关的甲骨文字

（55）宀

"宀（mián）"的甲骨文字形是房屋的形状。甲骨卜辞中"宀"字单用，表示住宅义，如"作宀"，就是建造住宅的意思。"宀"后来不再单用，只作为形旁使用。

用"宀"作形旁的字常跟房屋有关，如"宅""室""宿""寝"等。"宽"字的本义是房屋宽阔。"寄"和"寓"的本义都是离家客居在外地，如"寄居""寓居"。"宇""宙"的本义都是房屋的构件，"宇"是屋檐，"宙"是支撑房屋的栋梁，古人从房屋的空间意象引申，用"宇宙"一词表示更为广阔的天地，甚至时空，如《淮南子·齐俗训》："往古来今谓之宙，四方上下谓之宇。"

（56）安

"安"字由"宀"和"女"组成，女子坐在屋中，表示安稳、安心。有的字形在"女"旁边加点，不知何意。

　　"安"又用作动词，表示安抚、使人安心。如《论语·季氏》："远人不服，则修文德以来之。既来之，则安之。"其中"既来之，则安之"的意思是（把远方的人）吸引过来之后，就要安抚他们，让他们安心。后来，"既来之，则安之"作为一个成语经常被使用，意思也发生了变化，变成"既然来了，就应该安下心来"。

　　（57）家

　　"家"字由"宀"和"豕"组成。屋子里面有猪，为什么能表示家庭？人们有不同意见。有人认为与猪同居是先人的一种生活方式，早期人们建造两层屋舍，上层住人，下层养猪，猪圈还能兼有厕所的作用，今天某些地区的农村还有这种建筑方式的残留。还有一种看法，认为"豕"是用来供奉的祭品，而"家"的本义是贵族的宗庙，引申表示卿大夫的封地，如《论语·季氏》中孔子说："丘也闻有国有家者，不患寡而患不均，不患贫而患不安。"这里面的"国"，指的是诸侯的领地；"家"，指的就是卿大夫的封地。由此，"家"再引申出家族、家庭义。

（58）宝（寶）

"宝"的甲骨文字形是"宀"下面有"贝"和"玉"，或两串玉，即"珏（jué）"字。贝壳和玉器都是珍贵的东西，"宝"的本义就是珍宝、宝物。后来，金文又添加了声旁"缶"，如

就演化为繁体的"寶"字了。简化字"宝"则省去了"贝"和"缶"，只保留"玉"了。

（59）宗

宗族观念是中国传统的重要观念，古时帝王贵族都建有宗庙，祭祀家族历代祖先。"宗"字由"宀"和"示"组成，表示房屋里放着祖先的牌位。"宗"字的本义就是祭祀祖先的宗庙，引申为代代相传的宗族。

"宗"和"祖"都能表示祖先，一般"祖"是始祖，"宗"则是祖的后代，所以古代王朝的开国皇帝的庙号一般称

"祖"，如唐太祖、宋太祖之类；继位的皇帝则称"宗"，如唐太宗、唐高宗、宋仁宗、宋徽宗之类。

（60）宫

"宫"的甲骨文字形上面是"宀"，下面的两个方框"口"也表示房屋。"宀"是房屋平视的形状；"口"则是房屋俯视的形状，还有不同的排列方式。"宫"字的本义就是房屋。

早期所有房屋都可以称为"宫"。如《周易·系辞下》："上古穴居而野处，后世圣人易之以宫室。"说上古的人住在洞穴野外，后世圣人（建造了房屋），就让人们改住在房屋中了。秦汉以后，"宫"专用来表示帝王和后妃居住的宫殿，一般的房屋就不能称为"宫"了。

（61）向

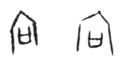

"向"的甲骨文字形是由"宀"和"口"组成，"口"像是墙壁上的窗户，也可能表示墙上开口的意思。《诗经·豳风·七月》："塞向墐户。"毛传："向，北出牖也。"是说"向"的意思就是朝北的窗户。古时房屋一般都是南北方向，古人到冬天会把朝北的窗户堵住，防止北风吹进来，就是《诗经》说的"塞向"了。"向"由朝北的窗户义引申出方向的意思，成为它的常用义。

（62）户

"户"的甲骨文字形是一扇门的形状，本义就是门。因为它只有一扇，所以是较小的门。《诗经·豳风·七月》："塞向墐户。""墐户"就是堵住门缝，同"塞向"一样，它也是冬季防寒的一种做法。后来，"户"字引申表示住户、户口等义，成为它的常用义。今天，"户"表示门的意义还保留在一些成语中，如"门当户对""路不拾遗，夜不闭户""流水不腐，户枢不蠹"等。

"户"的小篆写作

到隶书

就接近我们熟悉的字形了。

（63）启（啓）

旣　用　旣

"启"的甲骨文字形由"又"和"户"组成，表示用手把门打开。有的字加上"口"，大概是以口张开强调门已打开的状态。后来，"又"旁被"支（攵）"旁替换，如金文

旣　旣

就逐渐演变为繁体的"啓"字了。

"启"的本义就是打开、开启，又引申为开导、启发。在甲骨卜辞里，"启"常表示天晴，我们常说"云开见日"，云打开了就是天晴了。

（64）门（門）

明　門　門

"门（門）"的甲骨文字形就是两个"户"，即两扇门的形状。相对于"户"，"门"是比较大的门。

用"门（門）"作形旁的字一般跟门有关，如"开""关"的繁体字"開""關"。"间（閒、間）"的本义是缝隙，最初写作"閒"，门缝里有月光透进来，所以

用"门"和"月"会意，后来"月"也写成"日"，又引申为间隔、中间、闲暇等义。"闲"的本义是木栅栏，栅栏与门类似，所以也用"门"旁，后来假借表示闲暇义，成为其主要用法。"闪"字的本义是从门中偷看，我们熟悉的"闪烁""躲闪"等义都是它的假借义。"门"也常用作声旁，如在"问""闻""闰""闵""闽"等字中。

（65）京

"京"的甲骨文字形像一个高台上有建筑的样子。"京"的本义就是高台、高丘。古时高大的粮仓也称为"京"，如《管子·轻重篇》："有新成囷京者二家。""囷（qūn）"和"京"都是粮仓的意思。"京"又引申表示"大"，如扬雄《羽猎赋》："乘巨鳞，骑京鱼。""京鱼"就是巨大的鱼，又写作"鲸鱼"。"京"字最常用的意义是都城、京城，也是由它的高大义引申而来的，因为京城地位高、规模大。

"京"字小篆写作

就与我们熟悉的字形接近了。

（66）高

　　"高"的甲骨文字形与"京"相似，只是下方添加"口"字以区别。"高"专用作形容词，表示形体上的高，又抽象引申为等级、水平的高。甲骨卜辞中，"高"常用在"高祖"一词中，这是对商朝早期先王的称呼。

（67）邑

　　"邑"的甲骨文字形中，上面的圈表示建筑或城墙；下方是"卩"，即跪坐的人形，表示有人聚居。"邑"字的本义就是聚居地，引申为城市。

　　"邑"作形旁在字的右边写作"阝"，就是我们熟悉的"右耳刀"，它跟"阜"作形旁的"左耳刀"不一样，主要构成跟城邑有关的字，如"邦""都""郡""郊""邻"等。"城郭"的"城"是城墙的意思，"郭"则是外墙，古时常在城墙的外面再加盖一道城墙，称为"郭"，所以"郭"引申表示轮廓，这个意义后来用"廓"字表示。"鄙"的本义是居民组织单位，也表示城郊的边远区域，所以引申为"边鄙""鄙陋"等义。"邑（阝）"旁还多用在地名中，如"郑""邹""邵""邓""郢""邢"等都是古代的地名，再如"鄱阳""郓城"等。

（68）田

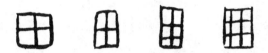

"田"的甲骨文字形就是田地的形状，纵横划出田地的界限。"田"字的本义就是农田。早期文献中，"田"也常表示打猎，这个意义也添加"攵"旁，用"畋"字表示。有人认为"田"的字形原本就表示围猎时划定的狩猎区域，后来人们从事农业生产，也就按这样的形式规划农田。"田"既可以表示打猎也可以表示田地，体现了早期社会渔猎生产跟农耕生产的密切联系。

"田"在甲骨卜辞中还表示一种职官，是驻守在外地，也负责开垦土地的地方官，有时会跟随商王攻打敌对的方国。

（69）行

$$\text{🝰 🝰 🝰}$$

"行"的甲骨文字形就是十字路口的形状。"行"字的本义就是道路，如《诗经·周南·卷耳》："采采卷耳，不盈顷筐，嗟我怀人，置彼周行。"诗中女主人公采摘卷耳，许久也采不满手中的筐，因为心中忧虑，叹息怀念远方的人，所以停下手中的活，把筐放在大路上。"周行"就是大路的意思。"行"又引申为行走，又抽象表示行动、行为、德行等义。

用"行"作形旁的字往往与道路有关，如"街""衢"等。"术（術）"的本义是城邑中的道路，引申表示途径、方法、技术等义。"冲（衝）"的本义是交通要道，"首当其冲"的意思就是最先受到攻击的交通要道。"行"字也经常省略一半，用"彳"来表示行路及相关的意思，如"往""徙""徘徊""彷徨"等。"徐"的本义是慢慢地走，引申为缓慢。"循"的本义是顺着走，引申为依照、遵循。

第十一章

其他常见的甲骨文字

　　前面我们以象形字为纲，介绍了一些常见的甲骨文字。这里我们再简单介绍几个单纯的指事字。还有些字，可以看出原本应该是象形字，但在甲骨卜辞里这些字只有假借用法，最初造字时它们究竟表示什么事物的形状，已经很难考证了。这里我们也介绍几个这样的常用字。

1. 单纯指事字

　　（1）上、下

　　"上""下"是单纯的指事字，就是在一条长线的上方或下方画上标记，用来表示相对的方位，长线有的弯曲，有的也

写作横画，如

后来上下各添加了一竖笔，如金文

就更加清楚明确了。

（2）一至四

　　甲骨文中的数字"一"至"十"应该都来自简单的记号，或许最初是算筹摆放的形式。"一"到"四"分别为一到四笔横画，清楚明白。

（3）五至十

　　数字"五"至"十"跟"一"至"四"不同，但可能也都来自算筹摆放的形式。"五"大概是两笔斜向交叉的

后来上下又添加了两横笔。"六"大概为两笔一端相连的

后来又添加两竖笔。"七"则是横竖两笔十字交叉。"八"跟"六"相似，但两笔不相连。"九"大概是在两笔交叉的"五"的基础上延长。"十"就是一竖。

　　有人认为"五""六""七""八""九"是假借字。"五"原本跟"午（𠂤）"同字，是截取了"午"的中间部分。"六"的字形原本也是房屋，是"庐"的本字。"七"的竖画把横画切断，是"切"的本字。"八"两笔分开，是分别的意思，《说文解字》："八，别也。像分别相背之形。""九"像曲钩之形；或者像手肘之形，是"肘"的本字。

　　（4）小（少）

　　"小（少）"的甲骨文字形是三个小点或四个小点，表示极微小，也表示数量少。有人认为"小（少）"也是象形字，这三个或四个点是雨点，因为甲骨卜辞中"小（少）"经常形容雨。甲骨文中"小"和"少"是一个字，后来分化为两个字，以三个点的为"小"，四个点的为"少"。

2. 象形本义不明的常用字

（5）南

"东""南""西""北"四个方向字都是常用字。"东"和"北"我们前面已经讲过。

"南"也是一个象形字，但不知最初是什么物体的形状。学者推测可能是一种乐器。

"南"的金文如

下部更加复杂，后逐渐演变为我们熟悉的字形。

（6）西

"西"的甲骨文字形异体较多，对于它的字形本义前人有很多看法。有人认为是鸟巢形，鸟在巢中栖息，所以"西"是"栖"的本字。也有人认为是假借"甾"字或"凶"字来表示西方。

"西"的金文如

是较常用的字形，到了隶书，字形渐渐向右旋转，演变为平直的笔画，如

就接近我们熟悉的字形了。

（7）于

"于"的甲骨文字形有两种，简单的形式跟我们今天熟悉的字形已经很接近了。"于"的字形本义也很难考证。在甲骨卜辞中，"于"就专用作介词，表示在某地、某时等，跟它后来的主要用法相同了。

（8）才

"才"的甲骨文字形难以看出是什么物体的形状。后来小篆写作

《说文解字》：“草木之初也。”许慎认为“才”的字形像草木初生的样子。初生的草木是可造之才，人们又给它添加了“木”旁，组成“材”字，来表示材质、材料等意义。“才”又引申为才能、才华等，专用于人，有才能的人称为“人才”。

甲骨卜辞中的“才”字主要假借为“在”，跟“于”的意思相近，表示在某地、某时等，如卜辞“才攸（地名）”“才九月”等，后来人们给它添加形旁“土”，组成“在”字，专门表示这个意思。

（9）白

“白”的甲骨文字形，有人认为是人头的形状，有人认为是大拇指的形状。“白”在甲骨文里主要有三种用法。第一种是作为官名，一般是方国的首领，这个“白”后来添加“亻”旁，写作“伯”，就是爵位中的“伯爵”。第二种是假借作颜色词，就是白色，这个意义一直到今天仍是“白”字的基本义。第三种是假借作数词，就是一百，甲骨文中也常常加上“一”字，写作

或

其实是把"一百"合在一起写，这种写法就变成了后来的"百"字。

（10）不

"不"的甲骨文字形一般认为是花萼的形状。《诗经·小雅·常棣》："常棣之华，鄂不韡韡。""常棣"即"棠棣"，是一种花。"韡韡（wěiwěi）"是明亮繁盛的样子。"鄂"是花萼；"不"字，按照汉代郑玄的解释，则是"柎（fū）"，也是花萼的意思。从字形上看"不"跟花萼也比较接近。不过也有人认为"不"是植物根部的形状。

在甲骨卜辞中，除了用作人名和方国名外，"不"都假借作否定词，跟今天的意思基本一样。

甲骨文中还有一些专用作假借但象形本义不能确定的字，比如天干、地支中的大部分字，我们就不一一细说了。

主要参考书目

[1] 陈炜湛.甲骨文简论[M].上海：上海古籍出版社，1987.

[2] 郭沫若.甲骨文合集[M].北京：中华书局，1979.

[3] 古文字诂林编纂委员会.古文字诂林[M].上海：上海教育出版社，1999.

[4] 汉语大词典编辑委员会.汉语大词典[M].上海：上海辞书出版社，1986.

[5] 胡厚宣.殷墟发掘[M].上海：复旦大学出版社，2017.

[6] 胡厚宣，胡振宇.殷商史[M].上海：上海人民出版社，2003.

[7] 荆门市博物馆.郭店楚墓竹简[M].北京：文物出版社，1998.

[8] 李乐毅.简化字源[M].北京：华语教学出版社，1996.

[9] 李宗焜.甲骨文字编[M].北京：中华书局，2012.

[10] 马如森.殷墟甲骨文引论[M].长春：东北师范大学出版社，1993.

[11] 裘锡圭.文字学概要[M].北京：商务印书馆，1988.

[12] 容庚.金文编[M].张振林，马国权，摹补.北京：中华书局，1985.

[13] 沈之瑜.甲骨学基础讲义[M].上海：上海古籍出版社，2011.

[14] 王力.王力古汉语字典[M].北京：中华书局，2000.

[15] 王明阁.甲骨学初论[M].哈尔滨：黑龙江人民出版社，1985.

[16] 王宇信.中国甲骨学（增订本）[M].上海：上海书店出版社，2021.

[17] 王宇信，王绍东.殷墟甲骨文[M].北京：文物出版社，2016.

[18] 汉语大字典字形组.秦汉魏晋篆隶字形表[M].成都：四川辞书出版社，1985.

[19] 徐中舒.甲骨文字典[M].成都：四川辞书出版社，1989.

[20] 于省吾.甲骨文字诂林[M].北京：中华书局，1996.

[21] 喻遂生.文字学教程[M].北京：北京大学出版社，2014.

[22] 赵诚.甲骨文简明词典——卜辞分类读本[M].北京：中华书局，1988.

[23] 中国国家博物馆.中国国家博物馆馆藏文物研究丛书：甲骨卷[M].上海：上海古籍出版社，2009.

本书介绍的甲骨文字索引

说明，本索引按音序排列。单字后标出所在的章号和章内序号。如"安 10（56）"指"安"字出现在第十章的（56）号。